# 樹木画テストの読みかた

## 性格理解と解釈

リュディア・フェルナンデス 著
阿部惠一郎 訳

Le test de l'arbre
Un dessin pour comprendre et interpréter
Lydia Fernandez

Ψ 金剛出版

LE TEST DE L'ARBLE by Lydia Fernandez
Copyright © 2005 by IN PRESS ÉDITIONS
Japanese translation published by arrangement with
Editions in Press through The English Agency (Japan)
Ltd.

# 目　次

序　章　7

## 第1章　樹木画テストの歴史　9
 Ⅰ　フランスにおける主な研究　10
 Ⅱ　諸外国における主な研究　11

## 第2章　樹木画テストの実施方法と適用　13
 Ⅰ　樹木画テストにおける投影　13
 Ⅱ　樹木画テストの心理学的位置づけ　14
 Ⅲ　樹木画テストの用具と教示　15
 Ⅳ　樹木画テストの解釈方法　18
 Ⅴ　樹木画テストにおける空間象徴　23
 Ⅵ　色彩の使用と象徴　24
 Ⅶ　描　線　34
 Ⅷ　ヴィトゲンシュタイン指標　38
 Ⅸ　樹木画テストの心理所見　40
 Ⅹ　描画後の質問紙とテスト後質問表　42
 Ⅺ　樹木画テストの活用領域と実践　42

## 第3章　樹木画テストと心理学　45
 Ⅰ　序　章　45
 Ⅱ　いわゆる「普通」の木　46
 Ⅲ　精神病理学的サイン　47
 Ⅳ　主なサインとその心理学的意味　65

## 第4章　症例呈示　67
 Ⅰ　B婦人　67

Ⅱ　ブルーノ　75
　　Ⅲ　サ　ラ　84
　　Ⅳ　ローラン　92
　　Ⅴ　チィエリー　100

結　論　109

引用文献　111

**解　題：樹木画テスト（あるいはバウムテスト）の研究史　115**
　　はじめに　115
　　Ⅰ　コッホ以前　117
　　Ⅱ　コッホのバウムテスト　122
　　Ⅲ　ストラの樹木画　126
　　Ⅳ　コッホ，ストラ以後　132
　　Ⅴ　フェルナンデスの著作　138
　　Ⅵ　結びにかえて――樹木画テスト（あるいはバウムテスト）は，どのように
　　　　読まれるべきか。あるいは日本での読まれかたについて――　139
　　参考文献　143

訳者あとがき　147

# 樹木画テストの読みかた
―― 性格理解と解釈 ――

# 序　章

　木，これがこの本のテーマ。どうして木をテーマにしようと思ったのだろう。甘酸っぱい，そして懐かしい気持ちでいっぱいになる思い出が私にはある。それをお話しすればよいのかもしれない。ひとつはアベイロンで過ごした子ども時代のこと。もうひとつはある出会いだった。子どもの頃，夏休みを祖父母の家で過ごすことが多かった。祖父と一緒に森の中を散歩した。実もたわわな木，マロニエの葉が舞う木，色とりどりの衣裳をまとって，木の香りが季節を感じさせてくれた。実を言えば，子どもの頃の私は，木そのものよりも枝を足場にして登るほうが好きだった。そんな子ども時代から20年くらい経った頃，木について深く考え，そして人間を理解するために木についてもっと知りたいと思う出会いがあった。人間は，どうして行動的にあるいは好奇心旺盛に自信を持って生きていけるのだろう。その本質を解明するために木にどのように問いかければよいのだろう。おそらく，この2つのもの，つまり木と人間に興味がなければならない。人間は木という不思議な，そして親しみがあると同時に未知の存在に多くの恩恵を受けている。しかしながら奇妙なことに，これまで木を対象にして研究しようとした心理学者はきわめて少なかった。

　樹木画テストについて書かれたこの本は，私と同じように木に思い切って踏み込んだ先人たちの研究から多くの示唆を受けている。彼らが残してくれた研究，仮説，方法を常に検討しながら，私はこれまで研究しつづけてきた。この本は4つの章からなり，それぞれの章が同じ幹から分かれた枝のように有機的につながり，ひとつのマテリオロジー（材質感を重視する作品）に仕上げたつもりである。

　第1章では，樹木画テストに関するこれまでの主要な研究の文献を概観し

ている。研究論文は膨大なため，紙面の都合上ここでは十分紹介できないので，読者には本の末尾に列挙した引用文献にあたっていただきたい。

　第2章は実施方法（材料，教示，所見，質問）と樹木画テストの分析・解釈法（描線，サイン，色彩，空間象徴の心理学的意味）に当てられている。しかしサインのリストとその心理学的意味，および絵の専門用語については，この本の中で直接には触れていない。

　第3章では精神疾患や人格障害に関して，樹木画テストを用いた研究で今までに明らかになったことについて述べている。精神病理と関連する特殊なサインを導き出し，苦しんでいる人々を理解しようと多くの国でこれまで研究が行われてきている。この章ではさまざまな精神病理学的サインを絵で示した。

　第4章では5つの臨床例（生活史と既往歴，樹木画，描画後の質問，空間象徴，評価，分析，解釈）を提示した。

# 第1章

## 樹木画テストの歴史

*Historique du test de l'arbre*

　心理テストとして樹木画テストを使うという構想は，チューリッヒで職業カウンセラーをしていたエミール・ユッカー（1928）に由来する。このテストの素材に彼が木を選んだのは，長年にわたる文化，神話に関する研究が根拠となっている。このテストの起源について，ユッカーにいくつか質問したいことがある。「樹木画は何を意味するのか」「それぞれの特徴的なサインは何を意味するのか」と。もちろん，彼が答えてくれるわけはないのだが。こうした質問に対する答えは，木の本質から導き出されるのだと思う。膨大な樹木画を検討してみると，表現された対象と人間が親密な関係にあることが理解される。木と人間の構造がより明らかになる。そうすると木と人間との違いもはっきりする。図像学的なサインを区別できるかもしれない。図像学から類推して指標をつくることができたのである。1928年以降，描画について統計的な分析は行われず，また膨大な経験的観察から大雑把な検討しか行われないまま，テストとして使われたのである。ユッカーは被検者の問題を直感的に捉え，被検者の性格を感じ取るためにしかこのテストを用いていなかった。

1934年から，フランス（ストラ，ムシュー，ドゥメイエ）や，他のヨーロッパ諸国（コッホ，アバド - アレグリア，シド - ロドリゲス，サンドロ，パッシ－トニャッオなど）で，さらにアングロサクソンの国々で研究が始まった。

## I　フランスにおける主な研究

1949年から最近までに発表された樹木画に関するフランスでの理論的あるいは実証的な研究には以下のようなものがある。

- 樹木画テストにおける人格障害の診断（神経症，精神病，統合失調症，境界例，自己愛的人格障害）；行動障害，性格障害
- 情緒的発達（子ども，成人）と情緒的成熟の尺度
- 絵と文字の心的図式の違い
- 知能
- 人間に対する環境の影響
- 樹木画テストの活用と解釈に関する本質的な事柄（バック，ストラ，コッホ）
- 図像象徴学と木の象徴学的意味
- 他の投映法テストとの比較（樹木画，ロールシャッハ，TAT，人物画）
- 幹におけるS型と1/2S型の解釈
- 偏頭痛の診断
- 心身症患者への活用
- 樹木画テストの彩色
- ヴィトゲンシュタイン指標
- 図像学的弁別尺度
- 子どもの精神療法における経過
- 治療教育的関係でのグループダイナミクス

## II 諸外国における主な研究

諸外国での研究は，1930年から始まっている。現在までの主な研究業績を列挙する。

- さまざまな樹木画テストの方法（特にコッホ，ストラ），樹木画テストの実施方法と活用，サインとその心理学的意味，方法（ヴィトゲンシュタイン指標，描画後の質問など）
- 樹木画テストにおける象徴
- 樹木画テストの彩色
- 各心理テスト間の補完性（樹木画テスト，ロールシャッハ，Zテスト，人物画，CAT，ターマン・メリル，村テスト，家のテスト，自由画など）
- 知的成熟と情緒的成熟，心理学的発達水準
- 一般性格研究（性格と描線）
- 病的性格から見た精神医学における診断と予後（神経症，統合失調症，認知症，躁状態，精神病質，不安抑うつ状態，行動の障害，心身症など）
- 器質性疾患（脳震盪，筋萎縮症，小児麻痺，てんかん，脳腫瘍など）
- 年齢に伴う絵画的表現の発達
- 感情表現
- 身体表現と自己トレーニング
- 心理学的および生理学的（呼吸のリズムなど）機能に対する年齢の影響
- 子どもの認知の発達研究
- ヴィトゲンシュタイン指標と外傷体験の指標としての傷跡（ウロ）
- 個人のアイデンティティに関する指標（自己評価，など）
- 障害を持つ子どもの表現研究
- 子どもの創造性と知能
- 診断の道具としての樹木画テスト（人格障害，不安抑うつ障害など）
- 民話や昔話が樹木画テストに与える影響の研究

- 成人における精神的退行に関する研究
- 樹木画テストにおける器質的サインの評定
- 子どもにおける生物学的，環境および文化的な影響
- 投映法テスト間の補完性（世界テスト，ロールシャッハ・テスト，動物画テスト，樹木画テスト）

# 第 2 章

# 樹木画テストの実施方法と適用

*Méthodes et aplications
du test de l'arbre*

## I　樹木画テストにおける投影

　樹木画テストは投映法によるもので，鏡のように，映し出されたイメージだけを映し出す役割を担っている。投影で映し出された「木」は，程度の差はあれ内面を引き出す力を持っている。つまり，木を描いた人はきわめて主観的なその人らしい表現を作り出すのだが，そこに表現された木と描いた人とが渾然一体となっているのである。内的世界を外的なものに投影することは，意識的な意志によるだけではない。積極的に描こうとしたものでも，それが主観的表現であるため，いわば投影の影響を受けた表現になっている。木をテーマとして，木という物体を描きながら，個々人の個性が投影を通して，本質的なものに構造を与えて表現される，内的過程が外部に映し出され，形態が認知される（コッホ，1958）。

　樹木画に投影的メカニズムの価値を見出そうと努めた研究者は他にも大勢いる。

- 木は性格の深層部分を把握するのにきわめて有用で，それには2つの理由がある。ひとつは，木を描くということが，他のテストや家や人をテーマにして絵を描くのに比べて遙かに意識的にならずにすむことであり，もうひとつは，木は被検者をあまり防衛的にさせないことである。
- 樹木画の細部に被検者の感情生活のサインが見られる。より持続した，より深層の自我に対する感情や態度が形となって示されると言ってもよいかもしれない。
- 投影の射程は自己概念ばかりでなく，周囲の人々に対する態度や反応にまで及ぶ。将来に対する夢や希望など個人的な理想に関する投影が問題になるかもしれない。樹木画はさらに外的環境からの影響を表現し，それがどのように獲得され，態度や感情に影響を及ぼしたかが理解される。

樹木画は，投映法テストのひとつである。被検者は自分が意識的に考えたのとは違う木を描いてしまう。木はこんなふうだとか，あんな風であればいいなといった被検者の思いが形となって表現される。被検者は図らずも忘れていた，愉快な感情あるいは不快な感情を表現してくれる。表現を通して表れたものが被検者にとって受け入れやすいか認めたくないものかは，被検者の人格構造による。

## II　樹木画テストの心理学的位置づけ

このテストは実施が容易である。1枚の紙と1本の鉛筆，それから教示。テストの材料として必要なものは，他のテストと比較しても最小限にとどまると思う。絵を描くことに身構えている人には，このテストがデッサンの試験でもなければ，絵の才能や上手下手をみるのでもないと言えば十分であろう。絵をうまく描けない，どう描いてよいかわからないという人では，多少描画を躊躇するかもしれないが，励ましの言葉をかけてあげればよいだろう。

描画を拒否する被検者もいるが，これはきわめてまれなことである。特別な理由もなくテストが嫌だという人もいるかもしれないが，無理強いしないで待っていればそれなりに描いてくれることも多い。だからといって，どれほどよい状況でテストを行ったとしても，性格のすべてがわかるわけではない。このテストの結果だけで性格に関する完全な所見が描き上げられることはきわめてまれだが，多くの示唆に富む結果が得られることも間違いない。他のテストと組み合わせて使用することで，このテスト独自の価値が理解されると思う。

## III 樹木画テストの用具と教示

　用具としては，A4サイズ（210mm×297mm）の白い紙（たとえばコピー用紙など），黒のボールペンまたはインク。彩色用の筆記用具を用いてもよい。彩色すれば樹木画テストにおける色彩の象徴解釈ができる。
　用紙が被検者に向かって縦方向に置かれる。そのままの方向で描くこともあれば，横にして描くかもしれない。描画の描きかたを観察し，おおよその描画時間を測っておくことは有益な場合が多い。
　なかには用紙の大きさを決めず好きな大きさの用紙から選んでもらうという方法を推奨する人もいる。たとえば統合失調症や神経衰弱の患者では小さな用紙にしておくとか，誇大妄想患者では大きな用紙を使おうとすることもある（フェルディエール）。
　教示は研究者によってさまざまである。

### 1．コッホ（1958）

　教示は次のように行う：「どんな木でもよいから，樅の木以外の好きな木を描いてください。」あるいは「樅の木以外の木を描いてください。」
　樅の木はあまり歓迎されない。というのも，この木については学校で描き

かたをさんざん教えられてきていて，みんな同じような木になるおそれがある。その上，実際には攻撃的な性格でないのに，樅の木を描くために鋭い描線や点線を用いたため，描いた人を攻撃性が強いと解釈しかねない。ある文化圏では，椰子の木を描かないように促すこともある。これも樅の木と同じ理由による。

### 2．ストラ（1975，1978）

ストラは連続して4本の木を描くように指示している。

1) 樅の木以外の木を描いてください。
2) もう1本，樅の木以外の，そして前に描いたのとは違う木を描いてください。
3) 夢の木，想像の木，現実には存在しない木を描いてください。
4) 目を閉じて木を描いてください。

第1の木は，被検者が不慣れな状況下で，準備もせずに課題を与えられた際の振る舞いを示している。第2の木は，慣れた状況で熟知した課題をこなすという意味で，第1の木と心理学的に異なる文脈で作業を行っている。第3の木は，より深層の領域，つまり欲望や願望を表現していると考えられる。第4の木は，過去の経験や現実の心理的状況に関係する事柄を理解する方法である。

### 3．ブーア（1961），コルボツほか（1962）

被検者に3本の木を描いてもらう：

1) 木を描いてください。
2) 別な木を描いてください。
3) 今度は森を描いてください。

第1の木は，被検者が検査者と向き合う状況を反映している。第2の木は，被検者が自己とどのように向き合っているかを示す。第3の木，つまり森は，用紙を横長方向にして用いる。自己と他者の関係（他者との絆の有無，関係

は親密か疎遠か）が読み取れる。森を描いた後に，被検者に以下の質問が行われる。「もし，あなたが木なら，この中のどれですか？」このように質問することで，木のイメージを使って自己同一性をみることができる。

4．ドゥ・カスティーラ（1994）
3本の木を描いてもらう：
1）木を描いてください。木の種類はあなたの好きなものでよいです。うまく読み取れないと困るので，急いで大雑把に描かないでください。でも，これはデッサンの試験をしているのではないですから，上手下手は関係ありません。描き終えたらNo.1と番号をふって，裏側に氏名と日付を書いてください。
2）もう1枚，同じ木でも他の木でもよいですから描いてください。描き終えたら，No.2と番号をふって，裏側に氏名と日付を書いてください。
3）夢の木を描いてください。「夢の木」つまりもっとも美しいと思う木，あるいはできるものなら庭に植えてみたいと思うような木，もっとも思い出に残っている木，自分の思うままの想像の木，そうした木を描いてください。No.3と番号をふって，裏側に氏名と日付を書いてください。

第1の木は被検者の社会的職業的態度を表現している。第2の木は内的自己像を表現していると見なされる。第3の木は主に被検者の願望を表現している。夢の木（第3の木）は，被検者の深層，あるいは本人は認めがたい欲望，関心事，野心を呼び起こす。一般的に後から描いた描画のほうが大きいのは，被検者が意識的あるいは無意識的な願望，成功へのあるいは自己肯定への欲求を描画に表現するためである。被検者が木とは思えない木を描くことがある。これは抽象化やファンタジーへの偏った好みと受け取ることもできるが，また同時に精神面での歪みが表現されている可能性も示唆される。

第1，第2の木（社会的自我と内的自己像）と関連させて夢の木の解釈を行う必要がある。この方法は被検者の欲求や問題を理解するのにかなり有効である。

## Ⅳ　樹木画テストの解釈方法

　樹木画テストで描かれた指標を解釈するために，心理士はかなりの数のパラメーターを知っておく必要がある。
- 詳細を検討する前に，全体的な印象を記載しておく
- 描画中に被検者の語る言葉を記載する
- もし，3本の木を描いた場合には，3本の木を比較する
- 描線を検討する
- 描画を構成しているさまざまな要素について詳しい分析を行う

    a) 用紙上の木の状況：位置，置かれかた，絵としての構成；木の大きさ：茂みや木の大きさと幅；木と輪郭：風景など

    b) 木の種類（ブナ，ポプラ，樅の木，松，椰子の木，しだれ柳，柳，果樹など）

    c) 根

    d) 地面，地面線

    e) 根もと（幹と根の接合部）

    f) 幹

    g) 幹の表面

    h) 幹の輪郭

    i) 枝（分枝，枝の先端）

    j) 枝の描線・濃淡

    k) 樹冠，茂み，（描きかた）

    l) 樹冠の内部

m）茂み・樹幹の描線・濃淡
　　　n）付属物
　　　o）風景など
　　　p）ヴィトゲンシュタイン指標
- サインの心理学的意味から解釈を行う（第4章臨床例参照）
　例：
　　・木を1枚描いた場合には，感情領域，知的領域，社会的領域の3つの水準で分析を行う。
　　・木を3枚描いた場合は，a）社会・職業的態度，b）内的自己像，c）被検者の願望の水準で分析を行う。

## 1．ストラとドゥ・カスティーラの業績

　ストラ（1975，1978）とカスティーラ（1994）の業績はサインのリストを列挙し，その心理学的意味を示したことである。さまざまなサインに心理学的意味が与えられている。テストの分析と解釈に必要なサインが選択され，被検者の生活史や問題に関する情報，さらに面接や他の心理テストから得られた情報と比較検討されて，テストの解釈は決定される。

　ストラ（1975，1978）とカスティーラ（1994）は，以下のような指摘をしている。

- 根は木の安定性の源である。根は安全感，拠り所を求める，あるいは不安定感，現実との接触を反映している。
　　根は自我の原初性，従属性，本能，衝動，無意識を表現する。根と地面の関係から，ひなびた伝統（伝統への愛着），根づき，ある種の保守主義が示唆される。また，根は緩慢さ，鈍重，抑制，不動性を反映することもある。
- 地面は描画で描かれることが多い。地面は現実感，現実の世界，適応能力，不変性，見当識，拠り所となる場所を表現している。また，信

頼感を表し，それに基づいて生活と生活上の問題に立ち向かえる。さらに，現実との関わりの場所，人格の主要な側面に関係のある部分を示すかもしれない。地面は社会性，風景，風土を考えさせる。
- 幹は自我の能力（安定した自我）を反映している。観念の領域，自我，超自我を表現している。幹の描きかたや形態に，基本的な自我感情と心理的発達が反映される。幹は性格やこれまでの生きかたに結びついている。
- 樹皮は保護的な役割を持つ皮膜であり幹の衣裳である。樹皮は，外部と内部，自己と他者，自我と環境（社会的環境）が接触する領域である。
- 幹の輪郭は，自己と他者，あるいは自己と外的世界をより厳密なしかたで分離する境界領域である。
- 枝の構造は，性格のまとまり，環境にうまく適応する能力，被検者の可能性や，世界と他者との対立のしかた，自分の守りかたが表現される。バランスよく描かれた枝からは，一般的に柔軟さと満足のいく適応が示される。また，心理的および社会的発達に関する能力と願望が反映される。枝は精神状態，環境との相互作用を象徴的に表現しているかもしれない。枝は環境に対して接触し「枝が向かい」，願望の方向性を示す。
- 樹冠の輪郭は，人が周囲とどのように接し，周囲からどのように情報を集め，対外的にどのように振る舞っているか，どのように感じているかを示している。樹冠の外周は，自我－他者関係や人間－事物関係を単純に象徴しているのではなく，過去，現在（現在とともに今まさに判断されたこと，期待し，欲望し，探し求めたもの），未来とのそれぞれの関係を象徴している。

　樹冠とその付属物は目に見えるもの，変化するものを表しているだけでなく，その背後に隠されている仮面でもある。
- 茂みの高さは，知的発達や精神的なものへの関心と直接的に結びつい

ている。
- 茂みは内在化されたものやそれが表現されなかったものとしばしば結びつく。

## 2．描画サインとその意味

今述べてきたことを明らかにするために，列挙したサインの具体的なサインを列挙しよう。ここでは，樹木画テストで見られる根に関するサインを具体例として示す。

### 1. 根や地面の欠如
不安全感や不全感。

### 2. 単線の根
子どもっぽい方法で好奇心を満足させる。秘密になっているものを知りたいという欲望。子どもっぽい振る舞い。

**点線で描かれた根（点線の上に木がある）**：反抗的態度，不都合さ。被検者が自分の置かれた状況に対して理由のない不満足感を抱く。

### 3. 二本線の根
独自性。現実に対する信頼感を持ちながら，衝動や本能に翻弄される（あるいは混乱する）。支えを求める。（田舎風のひなびた）伝統に従う性格。鈍重，緩慢，抑制，動きの悪さ，冷静沈着，無頓着。保守的。確固たる信念の欠如。現実的な評価を気にする。外見を気にする。

### 4. 用紙の下端に根が触れていて，地面はあることもないこともある
12歳までは普通。12歳以上では知的遅れ，子どもっぽい図式。視野の狭さ，見通しのなさ。幼稚。退行。未熟さ。不安全感と不全感。抑うつ傾向。

### 5. 根の大きさ，長さ，高さ
5a. 幹より大きな根：好奇心旺盛。突然沸き起こる攻撃性。攻撃性に関係する不安の問題。攻撃性を投影する傾向を示す場合もある。

5b. 幹や茂みよりも小さな根：好奇心，隠れていたり，禁止されているものを見ようとする欲望。探求心。

5c. 幹や茂みの高さと同じくらいの根：攻撃性や適応したいという意欲，好奇心が強すぎて問題を引き起こす可能性がある。この好奇心の背景に攻撃性や適応したいという強い意欲がある。

5d. 地面の中に入り込んだ根が強調されている：現実を支配したいという強い欲求。現実に対する過度の関心。保守的傾向。抑制あるいは未熟な性格の人に見られる粗暴さや荒々しさが表現されているかもしれない。

5e. 広がりすぎて，退行した印象を与える根：物質的なものにこだわりが強い。

5f. 盛り上がって見下すような根：性的問題。性的欲求不満の抑圧と秘められた暴力性。

## 6. 根の状態

6a. 細すぎる根：現実との接触不良。

6b. 細い根で地面に入り込んでいる：性的問題に結びついた神経過敏。

6c. 先端が鋭く，地面に放出されたように突き刺さっている根

 6c1.

 ・鋭い先端の場合：性的欲求不満のサイン。潜在的な攻撃性。自己価値の引き下げ，関係での調和の欠如。歪んだ本能的表現。性的な事柄に関して罪悪感を持つ。

 ・勢いのある描線の場合：解決できない性的問題。マゾヒズム。

 ・地面に突き刺さっている根：現実への良好な接触。人を信頼する心，貞淑な女性。

 6c2. 殴り書きの描線で描かれた根

 性的外傷体験

6d. ヒトデの形をした根：本能・衝動がのびのびと表現されない。伝統への傾倒。

6e. 鉤爪のような形の根：現実との接触不良。妄想的な攻撃的態度。

6f. 「透明性」の根（地面の下に描かれた根）：ねじ曲げられた性的問

題。被検者は遺伝の影響や遺伝的障害によって障害を受けている。自己実現に苦しんでいる。現実や見当識における病理。統合失調症的過程。器質性のサイン。

6g. 次々と分かれていく盛り上がった根：不安が強く，苦しんでいて内向的な性格。攻撃性。

6h. 地面の上に見えるたくさんの根：性的欲求不満。

6i. ねじ曲がって瘤のある根：衝動性の問題。

6j. 根のように見えない形をした根：本質的な不安定感。

6k. 生気のない根：現実がうまく把握できない感覚。動機づけの困難さと性格の不均衡。強迫観念と抑うつ気分。

6l. 黒い陰影の根（黒ずんだ，影のある，陰影が施された根，ごてごてして根の形がなくなっている）

・黒ずんだ：性的な事柄が不安にさせる

・影のある：不安と安全感のなさ

・陰影が施された：不安，罪悪感，性に関する不安を伴う緊張

6m. 根もとでねじれて重なり合う根：葛藤（葛藤の内在化）を抑制あるいは抑圧する傾向。葛藤と苦悩。

木の各部分について，サインのリストとその意味が与えられる。

樹木画テストの分析と解釈は，集められた情報とその意味を統合することで可能となる。

樹木画テストの心理学的プロフィールや描画後の質問は，分析や解釈に関して妥当性のある補助的手段である（第X節参照）。

## V 樹木画テストにおける空間象徴

樹木画テストにおける空間象徴については，アルチュス，グリュンワルド，

コッホが研究した十字象徴や空間領域の仕事を参照する必要がある（デュマ，2002年）。

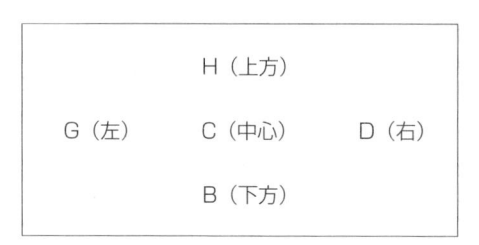

```
              H（上方）

    G（左）   C（中心）   D（右）

              B（下方）
```

**中心―左**：過去（忘れられた，排除された）。自我と過去との関係。内向性。

**中心―右**：将来，未来（望むこと，あるいはわれわれに開かれている未来）。自己と未来の関係。目的。外向性。

**上方**：精神性（宗教的倫理，宗教的感情）。知性化。

**横方向（中心―左―右）**：目覚めた意識。感受性。利己主義－愛他主義。内面的な感情が意識される。さまざまな感情状態（精神主義的であったり，周囲に適応した感情）。

**下方**：潜在意識。無意識。物質性。夢。

描かれたＡ4用紙を鉛筆などで区分するか，あるいは4つに折りたたんでみる。絵が用紙上のどの位置にあるかによって分析される。

それぞれの区分領域に書かれた数字は描画後の質問紙の番号に一致する（描画後の質問紙，フェルナンデス，1997）。

## Ⅵ 色彩の使用と象徴

### 1．年齢，好みの色彩と色彩心理学的意味

モラ（1993），ラッシャー（1997），ファーベ（2000）が，色彩の選択と色

精神主義／自我の投影的態度
中央：知性化，精神性
（運命，超越，意識）

上方左　　　　　　　上方中央　　　　　　　上方右
受動性の領域　　　　　　　　　　　　　能動性の領域（5）
（束縛される傾向）（5）　　　　　　　生命の対立（拡張傾向）の領域

| 引きこもり，欲望 | 目的 |
| --- | --- |
| ノスタルジー<br>（過ぎ去った思い出）<br>（6，9）<br><br>中央左<br>過去，起源，母親， | 意図，願望，野心<br>（未来，行動性，運動性）<br>（5，6，7）<br><br>中央右<br>将来，父親，実現 |
| 内向性，内在化，記憶，感情，家族，親密さ，他者と距離を取る。<br><br>葛藤（10）<br>（始まり，誕生，起源，苦しみ，失望，拒否，退行，遅れ，過去の戦い，固着） | 未来，意図，外向性，社会化，社会性，イニシアティヴ，信頼，接触。<br><br>欲求<br>（衝動，本能）<br>（7，8） |

下方左　　　　　　　下方中央　　　　　　　下方右

下方：物質性
（潜在意識，無意識，集合的無意識）
物質主義／自我の現実的態度

**図1　空間象徴（パルヴァー，グリュンワルド，コッホ）**

**表1　色彩の選択と年齢による色彩の心理学的意味**

| 年　齢 | 好まれる色彩 | 心理学的評価 |
|---|---|---|
| 9歳まで | 赤，赤紫，バラ色（女児が好む） | この年齢にふさわしい強い外向性，身体的活動性，生命力を表現する色彩。 |
| 9歳から11歳まで | オレンジ色っぽい赤，黄色，緑色の傾向 | 子どもが年齢相応の志向，行動，外向性，生命力，感情で振る舞った後に，次第に理性を働かせはじめる。緑色を好むのは，大人に向かう際の苦しみを表現している。 |
| 12歳以上 | 青（特に14歳から）オレンジっぽい赤は男児に多く，女児は黄色か赤色 | 青を好むのは，青年期の内向的状況に合致する。男児のオレンジ系赤や女児の黄色や赤は性的徴候出現に振り回されている。 |
| 成人期 | 青，赤，緑，黄色，オレンジ，紫，茶，黒，白，灰色を好む | 赤っぽい色を好む人は一般的に外向的であり，感情を示す赤を好む。あまり外向的でない人は，理性の青を好む。 |
| 中年期 | パステルカラー（明るい黄色，明るい青，バラ色，蘭色，桃色，濃い緑，明るい茶，明るい灰色） | パステルカラーにみられる色彩の柔らかさや地味な色合いは，生命力の内的な静かさに対応する。 |

彩心理学的意味が年齢によってどのように変化するかを報告している。

２．色彩の象徴と実生活での色彩の意味

　色彩の象徴を研究してきた著者（モラ，1993；ラッシャー，1997；ファーベ，2000）たちの意見を検討すると，以下に述べる解釈の基本的要素はおおむね承認される。

## 白と黒

**白**：純粋，総合，処女性，純潔，真実。幻想，純化，聖化，絶対性，原初の光，結合，精神，イニシエーション，変身，忠誠，無垢，忠実。

**実生活での意味**：医学的領域。清潔，無菌，明瞭さのイメージ。

**黒**：寂しさ，悲しみ，喪，物事の終わり，死，生の否定。否定，混沌，不吉，暗がり，影，暗闇，原初の夜。沈黙，母なる大地，重厚，物質。慣習の風土による影響。深く持続する決定的な感情。

**実生活での意味**：安全感や保護の領域。保証と厳格のイメージ。

## 赤と緑

**赤**：炎，血，熱，力強い行動，衝動，戦い。怒り，残虐性，凶暴性，破壊。生や大胆さや情熱の外在化。権力的な支配的な動き。エゴイズム，男性性，淫蕩。勇気，力，強靱さ，個性化。神や隣人の愛。ヒロイズム。愛他主義，自己犠牲。生と死の象徴。

**実生活での意味**：スポーツや運動，訓練場，公共の場，政治的活動。見せ物，お祭り，社交場などに関係するものすべて。自動車などと関係があるもののすべて。

**緑**：植物，葉緑素，野菜，自然。受動的，不動性，休息。愛の表現と創造に関する聖なる叡智の表現。生命の起源，妊娠（母親，乳母，母胎）。調和，均衡，静寂。(精神的)再生，精神的戦いの勝利。再生，萌芽。イニシエーション。若さ。希望。不死。無意識。

**実生活での意味**：健康，栄養学，リラクゼーションに関係する職業。身体の健康に関するサービス。

## 青とオレンジ

**海の青**：空，軽やかさ，空気，風，近づきがたい領域。透明，季節の色，無限定，無制限，無限，不死，無限定の空間。空っぽ，静寂，平和，純粋，聖なる叡智（精神），聖なる息吹，瞑想。精神的認知の探求。真実，叡智。

呼吸，豊穣，無意識，受動性，静寂，甘美，休息，信頼，土地の再生，正義，人類愛，忠実，慈悲，忠誠心，想像力，自由，逃避，夢の根源。

**実生活での意味**：芸術，創造，公共性，広告，顕著な行動（明るい青）。社会的枠組み，指揮をとる，訓練，個人の責任に関わる仕事（濃い青）。保険会社は会社のマークに青を使用する。

**オレンジ色**：エネルギー，知性，行動。知的な愛。霊感，直観。増加，熱情，陽気，喜び。神との結合，俗世での結合。大人，偽善，韜晦。

**実生活での意味**：組織だった迅速で効果的な仕事。白色が混じったオレンジ色は，社会福祉活動，子どもに関する出来事，さらに人類愛に基づく活動や援助に関連する事柄を示唆する。

### 黄色と紫

**黄色**：太陽。知性。言葉，ことわざ。知性化。情熱。陽気。エネルギー。不死，生命の秘密。愛と叡智の顕現。理想主義，意識，感情の発露。罪責感，姦通，矛盾，嫉妬，裏切り，滑稽。

**実生活での意味**：形態に関する議論。風，余暇。

**紫**：悲しみ，メランコリーを伴う精神性。禁欲，神秘主義，人類愛。謙譲。生命と不死性の変わり目。真実。忍耐。内省。従順。同一化（大事な存在：両親，英雄，スター）。

**実生活での意味**：精神性や超感覚的な認知，瞑想，自己分析に結びつく活動。

### バラ色

叡智，天智学，洗礼，新生。用心，優しさ，中庸，慎ましやかさ，繊細，甘美，肉欲。理想的な女性や理想化された美の象徴。繊細に愛する技術。恩寵，洗練，愛やイニシエーションによる変身。再生。精神的探求の最終段階で出現する幻想。

**実生活での意味**：子どもをつくる，化粧。女性的なものはすべて身体に対

する優しさと子どもへの優しさと関係している。パステルカラーはどんな色でも，優しさを想起させる。

**灰色，紅色，茶色**
灰色：中立，暖かさ。均衡。モノトーン。平凡，倦怠。理性の曇り。喪。
実生活での意味：土に関係した仕事を意味する。コンクリート工事，左官工事。
紅色と茶色：肉体的浪費，生き物の腐敗。裏切り，喪。
実生活での意味：余命や安全性や心地よさに結びついた仕事。土に関係した生産を表現するための使われる。

## 3．描画テストに色彩を用いること

年齢とそれぞれの年齢でどんな色彩を好むか，その心理学的意味はどのようなものか，実生活における色彩の象徴性やその役割といった一連の研究は，絵を用いた投映法検査，たとえば家テスト，樹木画テスト，人物画を使って仕事をしている臨床心理士の興味をかき立てる。

性格の深層に近づこうとするならば，数多くの文献（ハマー，1997）で，無彩色の絵（たとえば黒のインクで描かれた）を検討するだけでなく，彩色された絵（クレヨンやカラーフェルトペンで描かれた）も検討しなければならないことが述べられている。被検者にとっては，無彩色の絵は，意識のもっとも近い層を明らかにするが，彩色された絵は無意識というより深い層が表現される。

無彩色であれ彩色された絵であれ，それを描いた患者を観察すると，これまでの経験的研究で妥当性が確かめられた仮説が示唆される。その仮説理論では3つの水準がある（ハマー，1997）。

1. **色彩による情緒的衝撃**：色彩を施す作業は情緒的な反応や刺激を引き起こし，いわばその刺激はロールシャッハ・テストの色彩図版から受

ける衝撃に似ていて，被検者の防衛が明らかに見られるのだが，その刺激に対する耐性が必要となる。
2．**クレヨンやカラーフェルトペンを使うことで生み出される子どもっぽい着想**：クレヨンやカラーフェルトペンが生み出す内容は，大人でも適応に関して子どもっぽいレベルに退行する。無彩色で描いているときには，自分でコントロールできるのだが，クレヨンやカラーフェルトペンを使うことで人格の深層にまで達することができ，あたかもクレヨンやカラーフェルトペンが大人の人格にまだ残っている子どもの部分に揺さぶりをかけているように思われる。
3．**作業の繰り返し**：時間的な要素もまた人格の深層に近づくことができる。まず無彩色のデッサンを被検者に描いてもらい，次にそのデッサンについて質問する。さらにデッサンに彩色するように指示する。

4．色彩使用に関する新たな視点

現在までに，クレヨンやカラーフェルトペンを用いた樹木画テストに関する研究はいくつか行われている。

a）家，木，人物画のテストから明らかになった3つの水準を取り出すこと。
b）色彩の使用，機能，心理学的意味，象徴に関する研究。

　　古くから研究は行われており，ここではいくつかの例を示す。

- 統合失調症や躁うつ病の症例では，あまりに多くの色彩を使う（アナスタシ，フォレイ，1943）
- 優柔不断な性格に見られる赤やオレンジ色の使用（ハマー，1997）
- 黒や茶色の使用は抑制，抑圧，退行を示す（ビーバー，ヘルキマー，1948；ナポリ，1946；プレッカー，1950）
- 黄色があまりにも多く使われている場合は，敵意や攻撃性を表現している（ブリック，1944）
- 紫色は妄想患者に特徴的である（バック，1948）

第 2 章　樹木画テストの実施方法と適用

**表 2　木の象徴・その 1**

| 木の種類 | 象　徴 |
| --- | --- |
| アカシア | 再生と不死性。隠されたものを知る手がかり。宗教的価値に結びついている。 |
| アーモンドの木 | 自然の再生。脆弱性の象徴。不死性の概念。豊穣と性的結合に関連する男根の象徴。 |
| ツツジ | 死と不死性に結びつく。 |
| バナナの木 | 事物の脆弱性と不安定性の象徴で，事物に関する興味はおざなりにされる。 |
| 白樺 | 保護，春，若い女性の象徴。不吉な予感の象徴。生と死の象徴としての人生に結びつく。 |
| キササゲ | 夏や南の地方にある木。家父長的な家庭や家族的従順さの象徴。 |
| スギ | 不死性，偉大さ，高貴さ，力，永続性，廉潔，信頼の象徴。 |
| 桜の木（サクランボの木） | 純粋，騎士道の理想，幸福，繁栄，至福，大地に根づいた生きかたの象徴。桜の花は，世俗的な富に煩わされない理想的な死と生きることの儚さを象徴している（日本）。桜の木は戦う使命の象徴。 |
| 栗の木 | 先見の象徴。 |
| ブナ，ナラ | 精神的かつ肉体的な能力，叡智，歓待の象徴。 |
| ドングリの実のなる木[訳注1] | ドングリは卵の象徴（豊穣，富，繁栄）に関連する。誕生，乳離れ，男性性の顕示。精神的な意味で，精神力，真実の美徳を意味する。 |
| ハシバミ[訳注2] | 豊穣，浪費，贅沢の象徴。 |
| イトスギ[訳注3] | 生命，長寿，不死性，復活の象徴。 |
| ナツメヤシ | 神聖さに満ちあふれた正義の象徴。世界を支える生命の木。 |
| イチジク | 豊かさ，宗教科学，自然の事物に見られる二元性，力，生命， |

31

### 表2　木の象徴・その2

| 木の種類 | 象徴 |
| --- | --- |
|  | 不死性，啓示，豊穣，感受性を象徴する。 |
| トネリコ（訳注4） | 連帯，野心，力，再生，不死性，世界との絆，豊穣を象徴。 |
| イチイ | 不吉な，戦争の象徴。 |
| カラマツ | 不死性，何らかの死を思わせる象徴。 |
| クワ | そそり立つ木，崇高さの象徴。 |
| ハシバミ（訳注5） | 魔術的効果，魔術的な性質を帯びた木。実は科学の果実。神秘体験の発展における忍耐と安定の象徴。 |
| クルミ | 予言の能力に関連している。慧眼を象徴。クルミは科学の果実でもある。 |
| オリーヴ | 平和，豊穣，純化，力，栄光，償いの象徴。 |
| ニレ | 寛容さの象徴。 |
| ポプラ | 存在するものすべての二元性，不確実性，苦悩，犠牲の象徴。不吉な木で，退行する力，希望よりも思い出，再生に向けた未来よりも過去の時間を象徴している。 |
| マツ | 不死性，生命力，愛情，婚姻関係，明かされた真理を象徴。 |
| カキの木（訳注6） | 何らかの出来事を象徴している。柿（果実）は繁栄の願望を表現している。 |
| セイヨウナシ | 喪や生きることの儚さを象徴（花）。洋なし（実）は感覚性，エロチシズムの象徴である。 |
| リンゴ | 知恵，魔術，啓示，再生，永遠の若さ，知識，愛情の象徴。 |
| スモモ（あるいはプラム） | 春，再生，若さ，純粋さ，不死性（花），豊穣の象徴。愚行のしるし。果実は夢の中でエロチックな意味を表現し，性的喜びの欲求と解釈される。 |
| 枝垂れ柳 | 死，悲しみ，聖なる掟を象徴し，そのため不死性，天上とのコミュニケーション，豊穣さ，純粋性，循環的な再生の象徴と解釈される。 |
| 菩提樹 | 友情，忠誠心の象徴。 |

訳注1） 原文ではchene（シェヌ）。辞書によると「コナラ，ブナ」などの意味。ドングリの実をつける木の総称であると思われる。キリスト教が広まる以前のフランスでは聖なる木であった。本書の後半に記載されている臨床例では，被検者が何の木を描いたかと問われて，この木を描いたと答えているものが多い。フランス人にとって一般的な木のイメージである。落葉する種類もあれば，常緑樹のものをある。日本でドングリの実をつけるのは，カシ，ナラ，スダジイなど20種類ある。
訳注2） ハシバミ（coudrier）の枝はしなやかで水脈を当てるための占いの道具として使われる。
訳注3） イトスギ（cypres）は，ゴッホの絵に見られるようなイトスギで，日本のものとは違う。
訳注4） トネリコ（frene）は，北ヨーロッパでは神聖な木である。
訳注5） ハシバミ（noisetier）は，ヘーゼル，あるいはヘーゼルナッツと呼ぶとわかりやすい。セイヨウハシバミのこと。チョコレートに入っている。フランス人がスイス人について，ハシバミの木の下に籠を置き，実が落ちるのをじっと待っている人間と評する。まさに忍耐と安全の象徴である。
訳注6） 柿の木（plaqueminier）は，フランスにはないかもしれない。柿（kaki）という単語がフランスに入ったのは，1860年代になってからである。フランス人にとって柿は，エキゾティック・フルーツである。

- 樹木画で一般的な色遣いは茶色と緑の2種類の組み合わせである。自然に見られる木をモデルにして描画の中に再現させようとすれば，茶色の幹と緑色の樹冠が一般的である。樹木画に他の色が見られたら，細かな点で何か特殊なものが表現されているためである。たとえば，赤い実（プラム，リンゴ，サクランボ），黄色や緑色の実（梨，リンゴ，プラム），葉，太陽，空，海，木の周囲にあるさまざまなものである。

しかし自然な色遣いと違う色（コッホによる黒色の使用と研究）が出現することもあり，その場合に色の使用について興味がわく。その色が被検者にとってどのような意味があるのか検討することになる。

c） 幹や枝の色彩と木の象徴に関する研究（シュヴァリエ，ギーブラント，1982）。

## Ⅶ　描　線

### 1．描線の要素

ヘガー（1962）は，用紙の中で使われている描線を分析することで，用紙そのものが被検者にとってどのような意味があるかを検討し，以下の3つの意味があると指摘している。

1. 用紙に向き合い，相異なる2つの態度（軽やかさと強さ：筆圧の弱い描線と筆圧の強い描線）を描線で見せるときは，用紙を，抵抗を感じさせる母親的対象として受け止めている。
2. 被検者が用紙に向き合い，相異なる2つの態度を示すが，環境や生活場面に向き合う態度：すっきりとした描きかたとゴテゴテした塗りかた（あいまいなぼやけた描線あるいは明瞭な描線）である場合には，用紙の表面を何かで埋めなくてはいけない空間，行動の場と受け止める。
3. 被検者が紙に向き合うとき，相異なる2つの態度：能動性と受動性（スピード感のある描線，直線，ゆっくりとした動きの描線，曲線）を表している場合には，用紙を抽象的な，あるいは非現実的な現象と見なしている。

描線の8つの要素（表3）は，さまざまに組み合わせ可能であり［筆圧の強い描線／明瞭な描線；筆圧の強い描線／あいまいなぼやけた描線；筆圧の強い描線／直線；筆圧の強い描線／曲線；筆圧の強い描線／スピード感のある描線；筆圧の強い描線／ゆっくりとした動きの描線］（参照：ヘガーの2項組み合わせ，1962），樹木画の中で絶対に参考にしなければならないものなので，決して見落とすことがないようにしなければならない。

**表 3　描線の 8 つの要素**

| 能動的要素：筆圧が強い | 受動的要素：筆圧が弱い |
|---|---|
| 物理的なものや環境に圧迫されていると感じている。物理的な抵抗感。押さえ込もうとする動き。行動的。内面的なことよりも具体的物理的なほうを好む。 | 影響を受けやすい。状況や人間関係で行動が左右されやすい。現実把握や感覚的な認知がきちんと行える。行動することができない，あるいは反対にすぐに行動してしまう。 |
| 明瞭な描線 | 太く，ゴテゴテした描線 |
| 依存的にならない。安定した性格。筋が通った人間。廉潔。独立した精神。禁欲。冷静。論理的。周囲からの影響を拒否。 | 生命感のある情緒的影響を受けやすい。線が左にある場合：特に過去の環境や感情に対する思い。線が右側にある場合：環境や社会生活からの影響を直接受けている。情緒的なことに受け身的。 |
| 直　線 | 曲　線 |
| 障害や躊躇がない。決断。生活をきちんと律する。直線でしかも震えるゆっくりした描線の場合：即座の決断とのろのろした躊躇の間で揺れている。すでに決断しているが用心深く躊躇した態度。 | イメージの豊かさ。イメージへのこだわり。 |
| スピード感のある描線 | ゆっくりとした動きの描線 |
| 運動エネルギー，行動的な傾向。抽象化の能力。遮るものがないという印象。 | 行動を抑制する障害（内的葛藤，抑制）があると感じている。躊躇。慎重さ。 |

## 2．描線の性質

　描線の性質を研究することは，描線の強さ，濃さ，色彩を検討することに他ならない。描線は多かれ少なかれ濃淡が問題となる。描画においては，インクでゴテゴテと描かれたりあるいは白紙のままになっている部分があったりするのだが，その描かれかたのバランスがよかったりあるいは悪かったりする。その不規則さを見ていくことになる。

描線の筆圧が強ければそれだけ，インクが流れが強ければそれだけ，リビドーが強ければそれだけ，つまり被検者が周囲の環境に対する自己肯定感が強ければそれだけ，自己信頼感，自己覚知，情緒の豊かさ，生命エネルギー，自己の輝きが強いことになる。鮮やかなインクの一筋の流れが周囲の力に対して受容と感受性が豊かであることを示している。どんな描線でも薄く弱ければ，脆弱性と壊れやすさを意味する。描線に伸びやかさがなく萎縮していれば，自分の感情をうまくコントロールできない人の苛立ちを表現している。

　したがって，描線の性質を研究することは，筆圧の不規則性を研究することでもある（例として次のような場合がある。規則にがんじがらめになってしまった人が，自分の感情を抑圧し，不安と戦わねばならぬ状況で描く強い筆圧。物事を不安なく遂行する人の柔らかい描線の筆圧）。

　描線の性質は，被検者が使用する用具（H，HB，Bの鉛筆；万年筆，ボールペン，フェルトペン，水性ボールペン〔ルフェーヴル，ヴァン・デン・ブレク＝ドゥブルナン，1991〕）によっても影響を受ける。

### 3．描線の彩色

　描線に用いられる色彩を研究することは，被検者が描くときに自分の好きな色を使えるようにあらゆる色を用意しておかなくてはならない。ルフェーヴルとヴァン・デン・ブレク＝ドゥブルナン（1991）によれば，描線の色彩選択は被検者の深い情動性と結びついている。彼らは色彩を施した描線の例を挙げて，その心理学的意味での性格傾向を報告している。

　**黒い描線**は，肛門期的性格，罪責感，危険，悲観主義を反映している。黒い描線がすっきりとして輝いていれば，喜びに満ちあふれている何かを表現することもある。黒いインクの使用を義務づける試験もある。

　**灰色の描線**はうすくかすんでいて，輝きに欠ける。この色を用いる人は単純な仕事を規則的に繰り返し，仕事はそつなく行うが何か新しいことを作り出すことはない人の描線である。

煙のようにもやもやした描線（灰色から黒色まで無彩色で描かれる）は，光の探求を意味する。しかし光を見つけることができず精神は混乱する。煙のような描線は，その精神の混乱から回復しようと努力した結果が精神の光であることを示している。この描線は光の探求者の描線でもある。

　ラベンダーブルーの描線は，感傷的で柔らかな暖かさを示している。冷たい青の描線は，知性化や思考の優位性を意味する。空色の青の描線は，直感，純粋さ，信頼，子ども時代を表現している。濃い青の描線は，厳格さや真剣さや時には罪責感の色合いを持つ感情を表現している。

　緑色の描線は，春を，そして生きる喜びに満ちあふれた若さを象徴している。本能的な荒々しい力の表現である場合と，楽天主義や腕前，それに自己顕示的欲求の表現である場合もある。気持ちを揺さぶられたときに，理性的に判断するよりも感情的に動いてしまう。他人に相談したりするようなことはほとんどしない。難局を乗り切る腕前は，周囲の人々に単なる延命策や他人を操作したのだという印象を与えるかもしれない。緑色の描線を描く人の攻撃性は精神的，つまり本能的で巧みに表現されるので，身体的な攻撃性よりも激しくそして繊細である。また，緑色は息をしている，生きていると感じる喜びと同時に，生きる喜びを知った子ども時代のノスタルジーを意味する。50代の人々の場合には，緑色は若さへのノスタルジーや老いることへの拒否を表現している。

　赤い描線は，身体的な力，攻撃，情熱の色である。青年期の人々では，生々しい愛，情熱的な感情，愛情を象徴している。

　紫色の描線は宗教的な喪を意味する色である。過酷な試練や犠牲といった想念であると同時に啓示や偉大なるものの観念がこの色にはある。矜持，厳格さ，神秘主義の象徴である。

　樹木画テストにおける色彩の研究は，色彩，その機能，心理学的評価の研究と不可分である。

## Ⅷ　ヴィトゲンシュタイン指標

　この指標は，ドイツの神経病医ヴィトゲンシュタインが発見したものであり，樹木画テストに頻繁に用いられるようになった。ただしこの指標は樹木画に見つかることもあれば，見られないこともある。ウロが見つかれば外傷体験のサインとして計算できるが，ないからといって外傷体験がないとは限らない。

　最初の手紙の中で，ヴィトゲンシュタイン医師は，次のように書いている。「描かれた木が，描かれたその瞬間における被検者の状況しか反映しないとしても，人生の場合と同じように木にもひとつの節目のようなものを見つけ出すことができるに違いない。そう考えて私が行った最初の試みから，これまで考えていたものが確かなものだと認めることができると思う」

　木の長さ（h）をmmで計測し，これが被検者の年齢，何歳何カ月（a）に対応する。この比が指標である。この指標を手がかりにして，木から被検者の生活史における有為転変，それは忘れ去られていることもあるのだが，その時期を見つけることができる。

　ヴィトゲンシュタインは，木の高さ，つまり木の下端から上端までの長さは，被検者の生活史（人生）であり，過去の人生において起きた出来事の日付を確認できるという仮説を立てた。彼は樹木画からこの仮説を証明したのである。

　このようにしてヴィトゲンシュタイン指標を使うと，被検者の個人的，家族的，社会的な外傷的体験をおおよそ年単位で決定できる。

　外傷体験は覚えているものもあれば忘れてしまったものもあるのだが，計算が正確に行われれば，いつ頃の出来事かがわかる。しかしながら，また樹木画テストに外傷体験のサインがまったく見られない場合も数多くあることも銘記すべきである（コッホ，1958；ドゥ・カストロ＝カルメイロ，1994）。

## ヴィトゲンシュタイン指標の計算方法
### X氏の樹木画に関して

根が描かれていても根はないものとして，（根を除いて）地面あるいは地面のラインから木全体の長さを測る。

木の幹に2つのウロがあるとする。

被検者の年齢：51歳

幹の長さ：15cmなら150mmと書く

樹冠部の長さ：11.5cmなので115mm

木の長さ（被検者の人生を表現している）：26.5cmなので265mm

地面から樹冠部の下端まで：14cmなので140mm

1番目のウロ：5.5cmなので55mm（ウロの下端）
　　　　　　7.2cmなので72mm（ウロの上端）
　　　　　　$51 \times 55 \div 265 = 10$歳5カ月
　　　　　　$51 \times 72 \div 265 = 13$歳8カ月

1番目のウロは，X氏が10歳のときに両親に死なれ，孤児になった辛い時期を示している。14歳から16歳の半ばまで，X氏は養護施設に入所した。

2番目のウロ：8.5cmなので85mm（ウロの下端）
　　　　　　10.5cmなので105mm（ウロの上端）
　　　　　　$51 \times 85 \div 265 = 16$歳3カ月
　　　　　　$51 \times 105 \div 265 = 20$歳2カ月

2番目のウロは，軍隊での体験時期にあたる。17歳から21歳まで徴兵制のために兵役。終了後に仕事を見つけ，工場に勤務した。

地面から樹冠部の下端まで：51×140÷265＝26歳9カ月

彼は26歳で結婚した。

## Ⅸ　樹木画テストの心理所見

　樹木画テストの心理学的所見は，3つの領域から構成される（ヴァヴァソリ，2002）。

- **感情・情緒領域**は樹木画のサインを分析，解釈することで，感情や情緒の状態の水準と自己評価に関わる所見が得られる。
- **社会的領域**は被検者が対人関係を円滑にできるか，また社会適応力は十分備わっているかを検討する項目が集められている。
- **知的領域**は被検者の知的能力に関わる情報とともに，場合によっては知的遅れが樹木画に表現されることもある。

　全般にわたる解釈の内容を分析した後に，それぞれの領域（感情，社会，知的）に分けて，サインを数量化，客観化し樹木画の心理学的所見が作成される。こうして，それそれの領域に関して，3つの水準に分けられる。それぞれの水準の指標（それぞれの領域ごとの）は，樹木画テストから明らかになった臨床的な説明と解釈に関連している。この分析は次のように区分される。

- 感情・情緒領域（表4）
- 社会的領域（表5）
- 知的領域（表6）

## 表4　感情・情緒領域の水準とその指標

| | | |
|---|---|---|
| 1. | 情緒の安定・適切な感情反応 | 情緒のコントロール能力, 好奇心, 周囲との接触良好, 社会的判断能力, 自立心, 問題解決能力, 自尊感情が高い, 進取の精神 |
| 2. | 情緒的脆弱性・自信の欠如・依存心 | 自己承認欲求, 情緒の未熟さ, 依存心, 不安感, 攻撃性, 感情や情緒の機能不全, 小児症, 内向的, 抑うつ感情, 決断が困難, 不快な状況からの逃避, 不安全感 |
| 3. | 情緒的不安定・感情の混乱 | 見捨てられ感, 極度の不安, 空虚感, 性的な囚われ, 自我のバランスを欠く, 自尊感情が低い, 暴力, 衝動性, 神秘的傾向, 周囲との接触不良, 心的外傷体験, 抑うつ状態 |

## 表5　社会的領域の水準とその指標

| | | |
|---|---|---|
| 1. | 良好な社会適応・良好な人間関係 | 社会参加, コミュニケーション能力, 接触能力, 適応力, 社交性, 対人関係における真摯な態度, 調和する心, 人間関係で他者を引きつける魅力 |
| 2. | 対人関係の困難さ・困難な社会適応 | 臆病, 対人関係の困難, 防衛的態度, 反抗的態度, 周囲への依存, 扇動されやすさ, 猜疑心, 枠組みを欲しがる |
| 3. | 非社会化 | 引きこもり, 孤立, コミュニケーションの欠如, 家族団欒を拒否, 非社会化 |

## 表6　知的領域の水準とその指標

| | | |
|---|---|---|
| 1. | 発達と正常知能 | 正常の知的能力, 正常発達, 現実に適した能力, 明敏さ, 知性 |
| 2. | 知的発達は正常だが, 知的能力の活用が制限されている | 機能不全, 思慮の欠如, 集中力の欠如 |
| 3. | 知的能力の障害 | 学力不振, 制限された能力, 軽度精神遅滞 |

## X　描画後の質問紙とテスト後質問表

　L・フェルナンデス（1997）が作成した**描画後の質問紙（QDAA）**は10項目の質問で構成されている（表7）。被検者が描画終了後に質問に対して口頭で答えるものである。この質問紙を使って質問を行うと，被検者自身が投影されている絵から，被検者に喚起させるもの（主観的な表現）が大なり小なり見つけられる。木のサインの心理学的分析を行う上でとても役に立つ。

　教示は，以下のように行う。「あなたが描いた絵について，これから10の**質問をします。それについて思ったままを簡単に話してください」**

　質問1～4.は，木や被検者の同一性に関する質問。（樹木画の象徴・サインを参照）
　質問5～10.は，空間象徴について。（左／右）；上部　左／右；中央　左／右；下部　左／右

　ホセ・マリア・シド‐ロドリゲス（1998）は，木のサインを分析する際の補助的情報として，木の描画終了後に「**テスト後質問表**」を使った（p.44表8）。


## XI　樹木画テストの活用領域と実践

　樹木画テストから次のことについて理解できる（シド‐ロドリゲス，1998）。性格，気質，さらに被検者の人格を通して，精神の成熟度や心理学的要素（知的能力，思考，情緒面，感情，意欲，全般的な行動や振る舞い）を分析できる。
　さらに，被検者の態度や職業の適性，人間関係，子どもや大人との関係，

**表7　描画後の質問紙**

1. この木はどんな木（種類）？
2. この木は何歳ですか？
3. この木は，何かに，あるいは誰かに似ていますか？　この木のどこからそのような印象を持ちましたか？
4. この木は生きていますか？　もし，生きているのなら，どこか死んでいる部分はありますか？　あるとすれば，それはどの部分ですか？　何があなたにそう思わせたのでしょう？
5. この木は行動的ですか，あるいは受け身的ですか？　この絵の中で，そう思わせるのはどんなところですか？
6. この木は，過去の木ですか，それとも未来の木ですか？　この絵のどんなところからそう思いましたか？
7. この木はまだ成長しつづける木ですか，それとも成長は止まって大人になった木ですか？　この絵のどんなところからそう思いましたか？
8. この木は何かが欲しいと要求していますか？　この絵のどんなところからそう思いましたか？
9. この木を見て，以前どこかで見たような，懐かしさを感じますか？　あるとすれば，どのようなところからそう思いますか？　ないとすれば，なぜ？
10. この木は普通に成長してきましたか，あるいは成長するのが大変でしたか？　この絵のどんなところからそう思いましたか？

人格傾向（気質と性格），行動上の問題や性格異常，などについて理解できるという報告もある。

### 樹木画テストの活用について

- 適性検査
- 心理士が働く医療機関。精神医学，児童精神医学，老年医学だけでなく，すべての医療機関で用いられる。（心身症や精神疾患だけでなく，身体疾患でも興味深い研究が可能である）
- 児童や司法に関わる心理の専門領域
- 診断や治療方針のために行う投映法の心理検査と一緒に実施する
- 心理士養成や研究のための大学教育

### 表8　テスト後質問表

1. この木はどんな木（種類）？
2. この木は，だいたい何歳くらいですか？
3. この木は生きていますか？　もし，生きているのなら，どの部分からそのように思ったのですか？
4. どこか死んでいる部分はありますか？　あるとすれば，それはどの部分ですか？
5. この木の周りに木が生えていますか？　それともこの木は1本だけなのですか？
6. この木は，平らな地面に立っていますか，それとも山のようなところに立っていますか（山のてっぺんとか，麓のほうとか）？
7. この木は大きいですか，小さいですか？　どんなところからそう思うのですか？
8. この木は乾いていますか，それとも湿気が多いですか？
9. 葉はついていますか，いませんか？
10. 木の実や果実がついていますか，いませんか？
11. この木は格好のよい木ですか，それとも不格好な木ですか？　もし，不格好だと思うなら，それはなぜですか？（あるいは，反対ならば，なぜ格好のよい木だと思うのですか，と尋ねてもよい）
12. 木のかわりに，人がいたら，あなたはその人をどれくらいの時間見つづけられますか？
13. この木は健康的な木ですか？　どんなところからそう思いましたか？
14. この木は強いですか？　どんなところからそう思いましたか？
15. この木は何か欲しがっていますか？　それはなぜですか？
16. どんな天候ですか？
17. 風は吹いていますか？
18. この木を見ていると，誰かを思い出しますか？
19. この木は誰かのことを考えさせたり，思い出させたりしますか？
20. この木はあなたに似ていると思いますか？　どんなところからそう思いますか？

# 第3章

# 樹木画テストと心理学

*Test de l'arbre*
*et psychopathologie*

## I 序　章

　樹木画テストは，精神疾患や人格障害を抱える人々を理解する方法として，多くの国々で使われてきている。しかしこの解釈は決して簡単ではなく，この投映法テストを用いて被検者を理解する試みには多くの課題が残されている。

　原注）描画全体の中で見つけられたサインは，樹木画の構成要素であり，かつ描画の中でどのような役割をしているかをきちんと見定めなければならない。心理学的な意味を持つサインの多くは，普通の人が描いた描画（図1参照）にも見られるのである。というのも，このようなテストを用いる研究者や臨床家にとって，言葉を用いて描画について述べる作業は，臨床の場であれ統計的研究であれ，ある種の危険を伴うことを心得ておかなければならない。樹木画の心理学的解釈はこうした意味でも難しい作業なのである。急いで結論を出すべきではなく，被検者をよりよく理解するために樹木画テストから得た所見と他からの情報（面接，投映法テスト，質問紙，

評価尺度など）をつき合わせて検討しなければならない。

「描画のイメージを構成し，これに形態を与えているものこそが描画のサインである。木の構成と形態が組み合わさったサインのみが，時には結合し，時には反発しあいながら，描画の象徴と推定された意味の客観的妥当性を与えるのである。サインが期待される妥当性をもたらす。つまり，サインこそが描画の形態を創造すると言えるであろうし，その形態は非言語的，言葉で語られない体験が表現され，描画に向き合う解釈者が，これを観察し，吟味し，検討する。被検者の生活史やさまざまな情報を考慮しながら，必要に応じて言語的コミュニケーションをとることで，われわれの読み取った所見は確認される」（ストラ，1975）。

## II　いわゆる「普通」の木

普通の木の一般的な特徴は次のようなものである。
根：複数の線で描かれた根。
地面：単線。
幹：幹，用紙の真ん中に位置する大きな木，茂みの高さと同じ長さの幹，すっきりとした幹の輪郭線など。
枝：二本線，外側を向いている。
茂み：広がりを持った樹冠，ループ状やアーケード型の樹冠，樹冠内部のバランスのよさ。
木の高さと樹冠部の長さ：樹冠部の長さと幅は2また3（用紙全体の2/4か3/4），木の長さは3（用紙の3/4）

図1 「普通」の木の例

## III 精神病理学的サイン

　数多くのサインがある。精神病理学的サインも膨大であり，これを列挙するのは困難である。サインの目録や多くの研究者が述べているサインから，読者が項目一覧表を作成する仕事をできるように，ここでは例を挙げることにした。
　以下に示すように，精神病理学のさまざまな分野から，数多くのサインが

繰り返し取り上げられている。たとえば，内向的な人は一般的にとても小さな木を描き，樹冠は小さく閉じているなど。こうしたサインとその意味を積み上げていきながら，研究者たちは病理学から取り出したサインの一覧表を創り上げてきた。彼らの仕事をまとめて紹介しよう。

> 原注）ここに示したサインの例は，引用した研究者たちの論文のレジュメにすぎない。ここに挙げたサインを使って，樹木画の分析を行うとともに，他からの情報（面接，質問紙，その他の投映法テストなど）とつき合わせて検討しなければならない。

## 1. 内 向

とても小さな木，丸まって閉じた根もと，用紙の左側に位置する木，茂みと葉が欠如，完全に閉じられた茂み，鉢植えの木，単線の枝。

（ドゥ・カスティーラ，1994）

## 2. 外 向

大きな木，豊かな茂み，大きく外に向かって広がった樹冠の縁，太く大きな幹，樹冠部や木の周囲に見られるさまざまな事物。

（ドゥ・カスティーラ，1994）

## 3. 未成熟

根もとまでが茂みとして表現されている，繰り返しのパターン，稚拙な描きかた，単線の枝，S型の幹など。

（ドゥ・カスティーラ，1994）

## 4. 知的障害

地面のラインがない，常同的，稚拙な描きかた，単線の枝，錐体の幹，一本の線で茂みと分割されている幹，根もとの左側への広がり，幹の濃い縁取

第3章　樹木画テストと心理学

図2−1　病理学的サインの例：内向性・外向性

り，ゴテゴテと塗りたくった樹皮，用紙の上方へはみ出した幹，木の高さが用紙の1/4程度で幹が左に傾いている，単線の幹，短くずんぐりとした幹，左に傾く幹，ハンダづけの幹，樅の木，中央に位置する幹，樹冠部に入り込んだ幹，用紙の半分より下に描かれた幹，小さなあるいは広がりのない小さくまとまった樹冠，球形の樹冠，幹の高さの半分程度の樹冠，二本線の枝，冠下枝，単線の主枝，下方を向いている枝など。

(コッホ，1958；ブーア，1961；マチュー，1961；ストラ，1964；ドゥ・カスティーラ，1994)

**60歳以上の認知症**：木の輪郭や構造の揺れ。細く震える，あるいは不連続な描線。縮こまった衰えた幹と幹から分離した樹冠部。

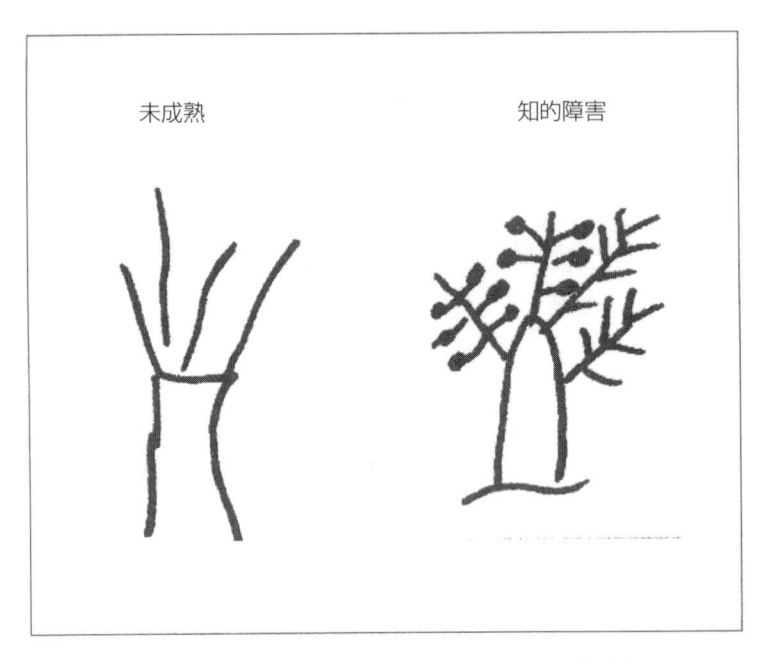

図2−2　病理学的サインの例：未成熟・知的障害

## 5．不　安

　濃い陰影（地面のライン，根，幹，枝，茂み），強い筆圧あるいは殴り書きの描線，葉の密生した木，葉のない枝，用紙の左側に位置する木，小さな木など。

（ドゥ・カスティーラ，1994）

## 6．抑うつ傾向

　横線の陰影が施された根もと，殴り書きの乱雑な描線で描かれた樹冠，不連続で何度も書き加えられた描線が樹冠の中で交叉しあるいは衝突している，しだれ柳，下方に下がる茂みなど。

（ドゥ・カスティーラ，1994）

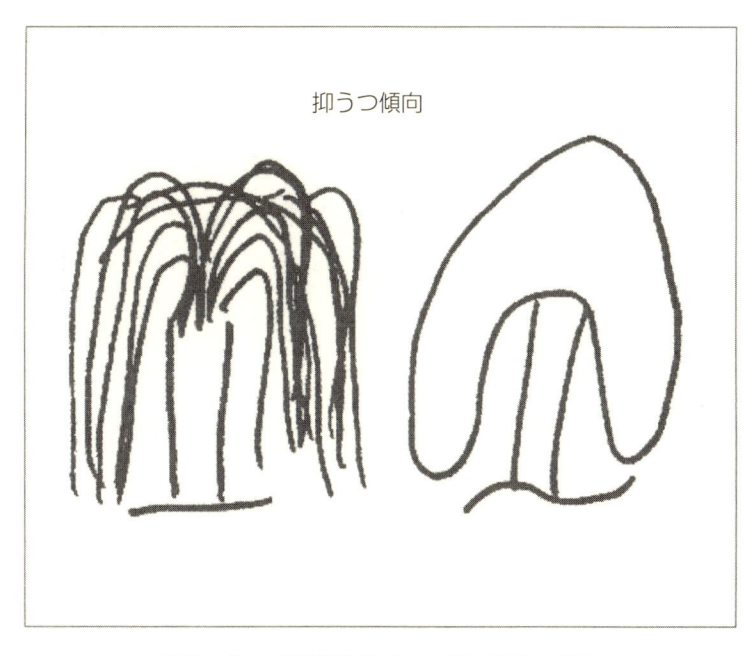

図2−3　病理学的サインの例：抑うつ傾向

7．衝動性

　管状の枝，矢のように鋭く対称的に描かれた筆圧の強い殴り書きの描線，濃い陰影など。

（ドゥ・カスティーラ，1994）

8．攻撃性

　鋭い鋭角的な描きかた，ヒイラギの葉，先の鋭い枝や葉，管状の枝，幹の中心に向かう矢のような線，木から外に向かう矢のような線，太く盛り上がる多数の根，殴り書きの，あるいはギザギザした描線，ゴツゴツした樹皮，黒い幹，「縞模様の」幹，濃い陰影など。

（ドゥ・カスティーラ，1994）

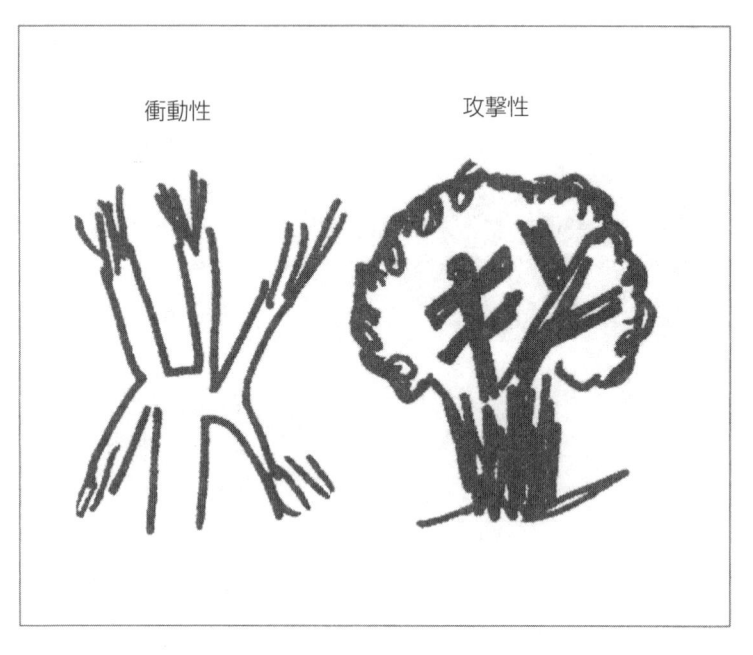

図2－4　病理学的サインの例：衝動性・攻撃性

9．受動性
　細く，貧弱な幹。平たく，渦巻き状に両側に垂れ下がる樹冠部。隙間だらけで交叉し垂れている枝。

（アバド‐アレグリア，1985）

10．社会的葛藤
　速く，不連続でギザギザした描線。木から離れている地面のライン。開いている幹で幹の表面はギザギザした描線が走っている。歯形のような，刺々しい，あるいは雑多な形をした樹冠部の輪郭。細い単線の枝，葉や実が落ちているなど。

（アバド‐アレグリア，1985）

## 11. 個人的葛藤

弱々しく，不連続な描線。地面の欠如あるいは下降する地面。根もとが広がり，あるいは丸まっていて，それに切られた枝を伴う幹。樹皮の左側に施された陰影。空虚な樹冠内部。ねじ曲がった枝など。

(アバド‐アレグリア，1985)

## 12. 性的問題

大きく末端が尖った根，黒く濃い陰影と殴り書きの描線で描かれたねじれた根，線影を施したあるいは鋭い描線で描かれた地面のライン，草むらで覆われている木の根もと，管状の交叉した枝，鉢植えの木，木の根もとの濃い陰影など。

(ドゥ・カスティーラ，1994)

## 13. 神経症・精神病

小さな木あるいは大きすぎる木，濃い陰影，何度も書き加えられた殴り書きの描線，子どもっぽいあるいは木とは思えない形態，巨大で重々しく垂れ下がった樹冠，幹の強調，大きく拡がる根，二分割された幹，葉のない交叉した枝，幹の表面の左側にあるウロなど。

(ドゥ・カスティーラ，1994)

神経症状態（ブーア，1961）：構造の貧困。幹の内部が開いている構造。未完成。樹冠の茂みの欠如あるいはきわめて小さな木。森を描く能力の欠如（第4の木は，森を描かせている）

不安神経症：木の構造の歪み，木全体のバランスが周囲の風景との関係からも歪んでいる。幹の根もとが根と分断されている。根もとの描線から地面のラインが一続きになっている。幹の根もとが大きく広がっている。木の大きさと比べて著しく大きな根。ハンダづけの根。単線の根。棒のように地面

図2−5　病理学的サインの例：性的問題

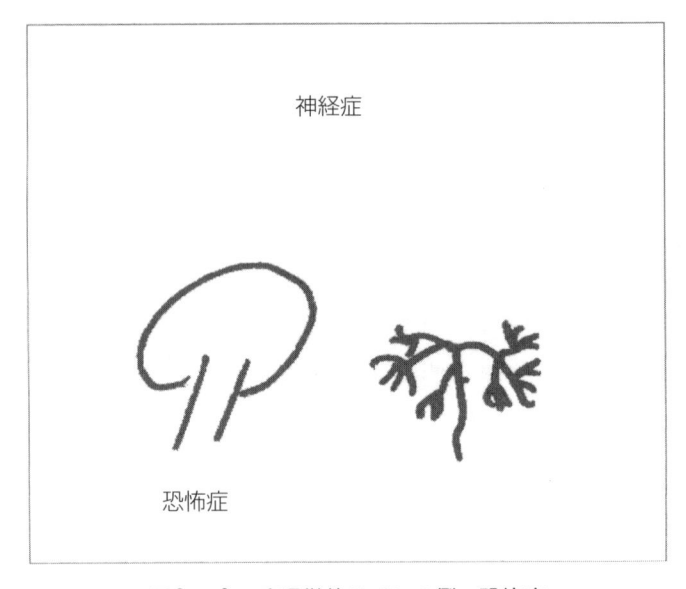

図2−6　病理学的サインの例：恐怖症

第 3 章　樹木画テストと心理学

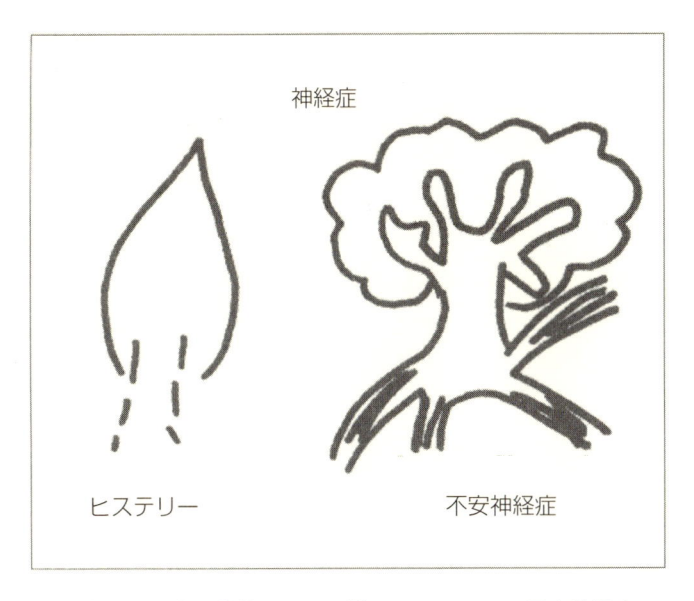

図 2 − 7　病理学的サインの例：ヒステリー・不安神経症

に植えられた幹。地面の欠如あるいは地面の強調。平行な幹。幹だけが描かれた木。幹に比べてあまりに大きすぎる樹冠部。いびつな枝（粒状の枝もある）。波打って伸びた長すぎる枝。押し曲げられた枝。形のはっきりしない重々しい枝。棍棒状のでこぼこした枝。枝の先端が葉や房状になっている。枝が縮んでいる。形のない樹冠部。幹と根つきと樹冠部が転倒している。

（H・シュテデリ，1954）

　強迫神経症：根の欠如。幹の半分以下の大きさの樹冠の小さな木。平坦な樹冠。一本線の幹。下方で閉じた幹。瘤のある，ねじ曲がった幹。対立したり，交叉したりする枝。

（ルビノ，バルビエロ，1952；キュル，1974）

　ヒステリー：大きすぎる木（イチイの木などの形態）。短い横線の入った

55

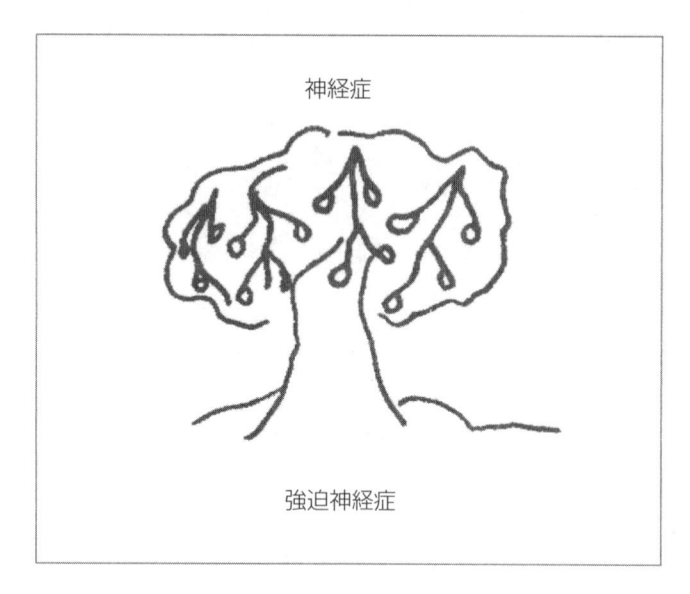

図のイメージ内テキスト：
神経症
強迫神経症

図2-8 病理学的サインの例：強迫神経症

幹。陰影のある幹。花や実が多い木。

(ルビノ，バルビエロ，1952；キュル，1974)

躁うつ病（ジャッカン-ポルタ，1966；キュル，1974）
- メランコリー：弱い筆圧の単線で描かれ波打っている水虫のような根。幹の破損や消失，幹から遊離した枝，爆破されたあるいは根こそぎにされた木，梢を切り落とされた木，右に傾き幹のない木，単線の幹，2本の木が平行に並んでいるように見える木，驚くほど小さな木，とても小さな樹冠，樹冠の高さの割には幅が大きすぎる，垂れ下がったぶよぶよした枝，単線の枝，震える描線で何度もなぞられ黒々した弱々しい枝。
- 躁状態：地面のラインの欠如，単線の枝，木はかなり高く樹冠も高い，鳥や鳥の巣，花などが至る所に書き加えられた木，単線の幹と樅の木，

おびただしい葉や花や果実。

統合失調症（ゴメス・デル・セロ, 1950；ブーア, 1961；マチュー, 1961；キュル, 1974）

長すぎる根，地面のラインの欠如，幹あるいは枝の破損，多数の切り落とされた枝，層構造の木，木のように見えない形態，木としてのバランスが崩れている，根や幹や樹冠の構図がない木，逆立ちした木，用紙上の位置が奇妙な木，骨格のない木，木の構成要素が分裂している，風景を感じさせるものがまったくない，人のように見えるあるいは軟体動物のような木，動物の形をした木，輪郭だけの木，成長を抑えられたり破損している木，奇妙な視点から描かれている木，重力を無視して描かれている木，辻褄の合わない木，ファンタスティックで非現実的な木，極端に長い小枝，曲がりくねった枝，形態の崩れた枝（枝が太くなったり細くなったりする），枝が次々と分割されている，細くとがった小枝，虫の形をした枝，角張って先が長くとがっている枝，枝の先端部分の常同的な描きかた，丸く平坦な樹冠，太い枝の先端に小枝がついている，ねじ曲がった幹，小さな葉っぱが描かれているところから離れて大きな葉っぱがついている，数え切れないほどの果実が描かれている，冷たさや奇妙さを感じる形態，枝あるいは森が幾何学的に配置されている（深刻な心の遊離を示すサイン），幹の分裂，幹の樹冠の分離，樹冠や幹の形態が不完全で隙間が多いか，あるいはあまりにも小さく固まってしまい全体の構造が失われている（海中の海藻が集まっているような木），さまざまなものを象徴しているような木（山脈と同時にヒトデを思わせるような木），未発達のサイン，細い波線。

破瓜型統合失調症（ルビノ，バルイエロ，1952；マルジ，ビアゴッティ，1953；ディ・ナロ，エスカラール，1961）：常同的に描かれている部分があまりにも多い，形態の非合理性，バランスが崩れている，調和の欠如，幼い木。

緊張型統合失調症：小さいあるいは小さすぎる木で，用紙の右下方に位置している。

妄想精神病：大きいあるいは大きすぎる木で，右上方に位置している。

樹木画テストの読みかた

精神病

統合失調症

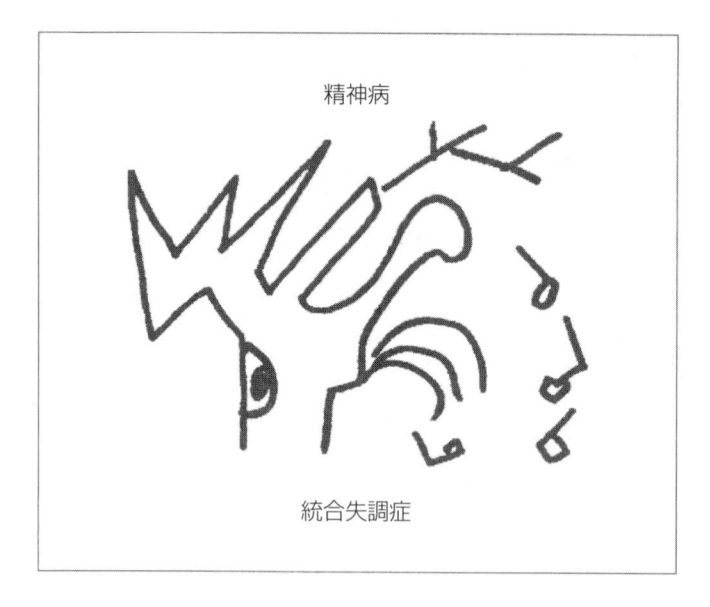

**図2－9　病理学的サインの例：統合失調症**

　慢性妄想病（妄想患者の木について）（ブーア，1961；キュル，1974）：幹が開けっ広げで根から木の先端に向かって広がる，あるいは電信柱のように立っている。幹が細く黒い陰影が施されている木，用紙の上端からはみ出している木。

　● パラノイア（ディ・ナロ，エスカラール，1961）：一本線の地面のライン状に幹があり，地面の下には単線の根がある木，二本線で幹の輪郭が描かれているのに3本の木のように見える，二本線の枝がある2本の木，単線の枝の木，葉っぱのついた木，常同的に描かれた木，樹冠内部が左右まったく同じように描かれ精神の硬直が見られる，縞模様の幹，縦の木，単線の幹，左右に上昇する地面のライン，十字形の形態，ハンダづけの枝，先端が葉っぱの形をした枝。

　● 慢性幻覚精神病：地面のライン，根，単線の幹，樹冠，花，風景，その他の付属的要素など欠如しているものが多い。二本線の幹，単線の枝，葉っ

第3章　樹木画テストと心理学

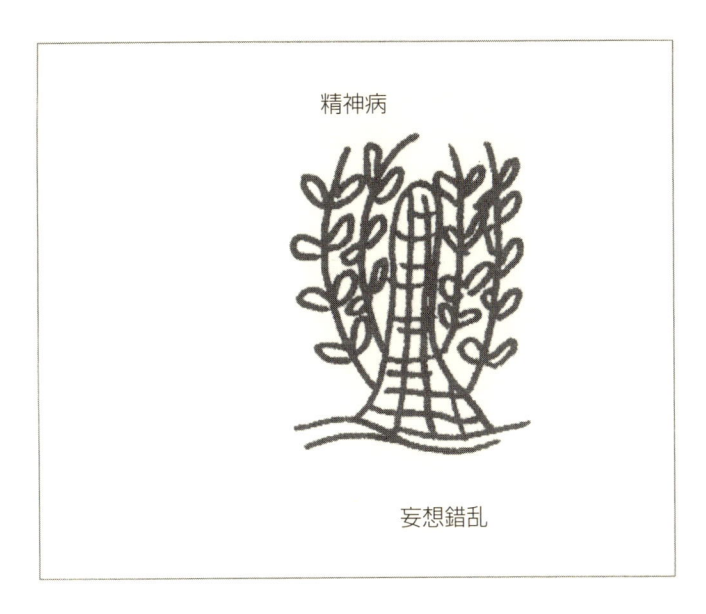

図2−10　病理学的サインの例：妄想錯乱

ぱは常同的，濃い陰影。

器質性精神病（コムナレ，ロザヴィオ，1961）：殴り書きで何度も書き加えられた小さすぎる木，樹冠内部に十字形が見られる，ちぐはぐなものの寄せ集めの木に見えない，常同的。

てんかん精神病（ブーア，1961；ディ・ナロ，エスカラール，1961；ジャッカン‐ポルタ，1966）：幹や枝に濃い陰影，強い筆圧で帯状の描線，枝の先端が棍棒状（鉄アレイの先端や小さな球がついている鞭の形）。

妄想（フェルナンデス，2005）：幹が開けっ広げで根から木の先端に向かって広がる，あるいは電信柱のように立っていて，有刺鉄線が張られている（好訴妄想）。攻撃性を感じさせるように縮こまった幹で黒い陰影が施されている（迫害妄想）。用紙の上端からはみ出している幹（誇大妄想）。枝に余計な付属物がたくさん付いている（空想妄想）――（ブーア，1961）

## 14. アルコール依存

鉢植えの木，茂みの中の交叉する枝，幹の幅が広がったり狭まったりする，震える描線，細く筆圧の弱い不連続な描線，濃い陰影や樹冠内部の円など。

(ドゥ・カスティーラ，1994)

## 15. 薬物依存

震える，何度も書き加えられた，殴り書きの描線，管状の枝，濃い陰影，鉢植えの木，しだれ柳，誇張された大きな茂み，ギザギザしたウロ，先のとがった根，左に傾いた茂み，水，木とは思えない形態など。

(ドゥ・カスティーラ，1994)

## 16. 活動性

描線は筆圧が強く，スピード感があり，まっすぐで，角張っている。幹は大きく量感があり，まっすぐに立っている。幹の右側は陰影が濃い。樹皮は普通で，傷はない。樹冠はバランスがよく，右方向により広がっている。樹冠内部はアーケード型。枝も太いなど。

(アバド‐アレグリア，1985)

## 17. 空想癖

曲線の多い描線。陰影が施された樹冠で果実や花が加わっている。それに風景など。

(アバド‐アレグリア，1985)

## 18. 自己中心性

盛り上がった丘のような形の地面。地面のラインで根もとが丸まっている幹。盛り上がった地面，右側に波打っていて，左側は陰影が施された樹皮。左側に陰影が施された樹冠，求心的な動きのある樹冠，雲形に分かれた樹冠など。

(アバド‐アレグリア，1985)

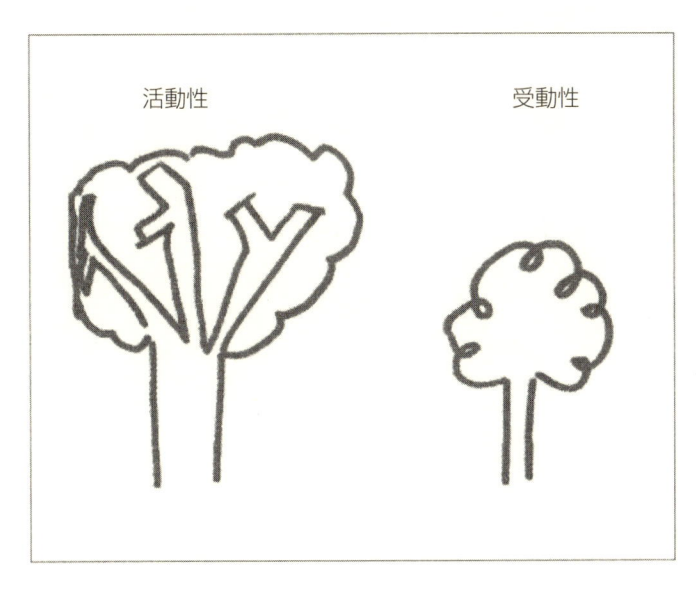

図2－11　病理学的サインの例：活動性・受動性

### 19. 認知症

　地面のラインがあることはまれ。小さな木できわめて常同的であまり描線が使われていない（根，幹，枝が単線で描かれている），未熟さ（4～5歳の知的水準）が目立つ表現。樹冠内部の茂みは頻繁に描かれる。実はあまり描かれない，木の構造や輪郭は揺れている，細く震え不連続な描線。樹冠の先端はさまざまな方向を向き，幹は折れ曲がり，萎縮し，分解し，場合によっては完璧に消えてしまう。

（ブーア，1961）

### 20. てんかん

　筆圧の強い描線でゆっくりと濃い描線が引かれ，枝の先端はいびつな形（棍棒，鉄アレイの先端や小さな球がついている鞭の形）は木の芽も果実もないのだが，枝の先端に樹液が溜まっている。てんかん患者の性格の深層に

樹木画テストの読みかた

空想的

想像上の樹木画あるいは風景のある樹木画

図2−12　病理学的サインの例：空想癖

自己中心性

図2−13　病理学的サインの例：自己中心性

第3章　樹木画テストと心理学

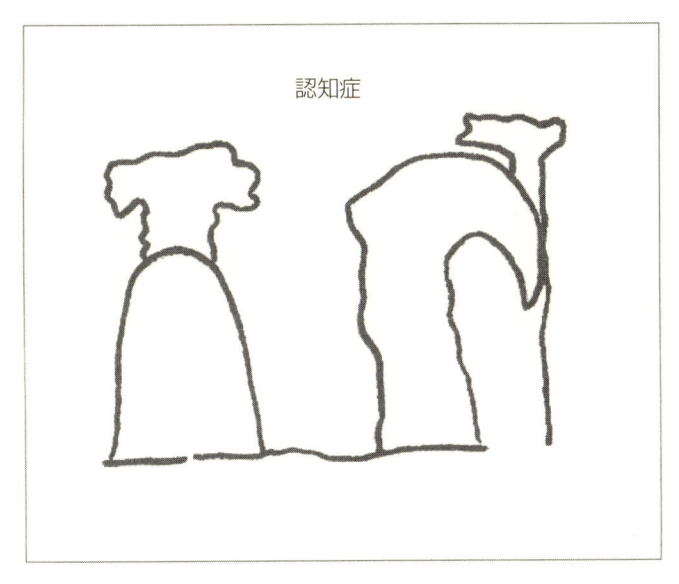

図2-14　病理学的サインの例：認知症（1）

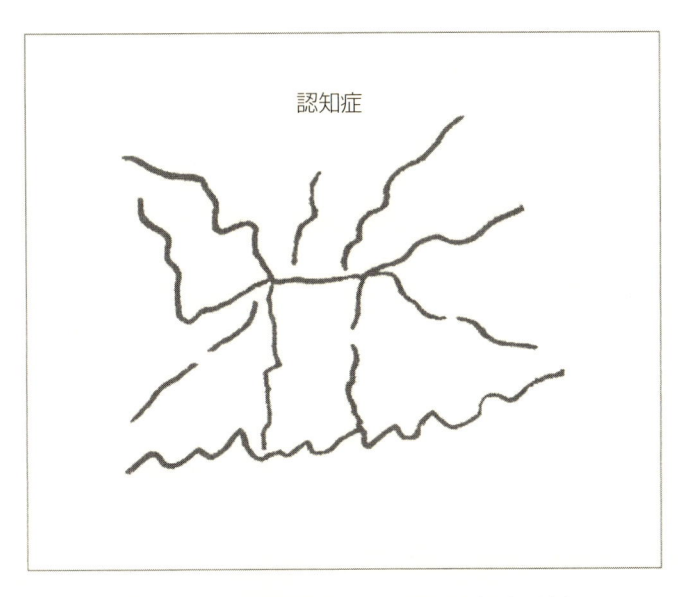

図2-15　病理学的サインの例：認知症（2）

樹木画テストの読みかた

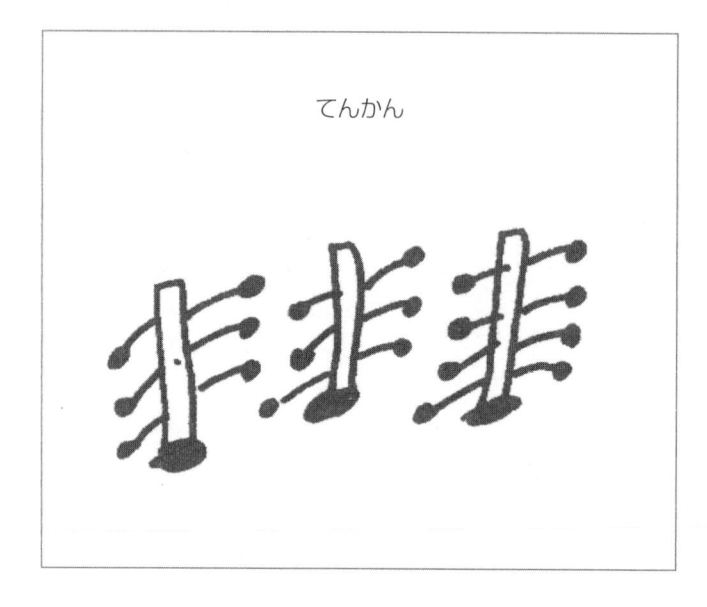

図2-16 病理学的サインの例：てんかん

は衝動性（描線の爆発）や形態から粘着性，あるいは反対に描線の緩みが見られる。認知症を思わせる大きな空虚を観察できるだろう。

(ブーア，1961)

## 21. 精神不均衡者（ディ・ナロ，エスカラール，1961）

### 21.1.「精神病質」の主なサイン

単線の根，樹冠部，二本線の枝，葉，花，常同的な繰り返し，濃い陰影，風景，それに全症例で付属物などが欠如している。しかし，二本線の幹や単線の枝は必ず言っていいほど見られる。

(ディ・ナロ，エスカラール，1961)

### 21.2.「行動障害（犯罪・非行）」の主なサイン

樹冠部よりも幹や根が強調された木。細すぎる形態で，調和に欠け，未完

成のままで描画が終わってしまった木。

（モタ，1959；ドゥラド，1969）

**21.3. 性倒錯／同性愛の主なサイン**

しだれ柳，葉脈の見える葉，さまざまな性的象徴

（パルム，ドゥグレ，1970）

## Ⅳ　主なサインとその心理学的意味

シロール，リーフ，ストラの3人の研究者が，樹木画のサインについて，心理学的な意味を持つことを例証している。ここではそのいくつかの例を挙げてみよう。

### 1．シロール（1965）

- 擬人的で人間のように見える木は未熟さのサインであり，父親のイメージにおそれを抱いている。
- 金のなる木（葉のかわりにコインや札がついている木）は，攻撃的でない被検者が描き，非行傾向を示す場合でも受け身的で誘われて非行を行う傾向が強い。
- クリスマスツリーは自己愛的で攻撃的な性格であることを示す。
- 家の形をした木は，うつ病や自殺企図をする傾向の人が描くことが多い。

### 2．リーフ（1968）

- 絵を小さく描くのは不安と関連している。不安のために表現力が低下している。
- それぞれの葉の輪郭線が接しているのは，安心感を得ようとして，安

定した場所やサポートを求めていると解釈できる。

## 3．ストラ（1975）

- 用紙の枠からはみ出す大きな木：とりとめもなくさまざまなことに好奇心を持っていて，欲求も多くとめどもない人。そうした態度をとることで自分はその場に適応していると感じ，周囲から注目を浴びようとすることで自分の価値を確認しようとする。
- 小さな木（用紙の1/4以下）：控えめで自閉的な傾向の人（恐怖感を持っている人）。
- 樹冠は小さく，単線の円形で描かれ，樹冠の上部は尖っていて逆V字形：家事を取り仕切る権威的な女性の描画，たとえば同性愛の女性，閉じこもりがちだが男性的な態度を示したがる男性，またはそうした性格を肯定する人の描画。
- 樹冠から切り離された幹，幹と樹冠の間にさまざまなものが入り込んでいる木：性的な問題を抱えていたり，あるいは更年期の強迫的な女性が描く木に多い。
- 樹冠の中に幹が入り込み，描線は筆圧が弱く丸みを帯びていて，幹と樹冠の区別がはっきりしない木：受け身的でホモセクシャルな人や繊細で神経質，やや気弱な男性の描画にしばしば見られる。
- 単線の木，あるいは幹から離れて左に枝分かれした枝のある描画：ドンファンのように色事に対する欲望が強い人がしばしば描く。

# 第4章

## 症例呈示

*Cas cliniques*

　樹木画テストの有効性と結果を具体的に示すために症例を呈示する。その際，生活史・現病歴，樹木画の分析（描線，サイン，空間象徴，描画後の質問）の詳細な記載を行っている。B婦人・32歳，ブルーノ・26歳，サラ・17歳，ローラン・25歳，チィエリー・20歳の5症例である。

## I　B婦人

### 1．生活史・現病歴

　現在32歳になるB婦人は，生後間もない頃から3歳まで，神経系の障害のために睡眠障害があった。9カ月で歩きはじめる。子どもの頃から大人になるまでずっと対人関係で悩んでいた。自分の気持ちを抑制し，孤立していることが多かった。この時期の自分を，自閉的な子どもだったと書いている。また物事を感じとる特殊な能力が自分にはあると思っていたし，何か問題が起きるとその意味をすべて理解する能力があったと話す。言葉で語られる前にすべてが理解できた。「周囲を笑わせる」だけが彼女にとってコミュニケ

ーションの方法であった。「根っからのお喋り」の妹とは似ていなかった。妹の態度が気に障り，おもちゃを投げつけることがあった。そんなときには，母親は妹の気持ちを鎮めるために，抱っこしてやらなければならなかった。それでも，彼女が語るには，母親との関係は良好だったし，暴力的でアルコール依存症の父親から自分を守ってくれたのも母だったという。家族を支えず，父親としての役割を果たさず，すべてを彼女に押しつけてしまう父親を嫌悪していた。彼女は自分のことをまるで「両親の面倒を見る人」だったと語る。困窮した両親に幾度となく，経済的援助を行った。彼女の母親は躁状態になった時，わずかな間に，6万ユーロ（約700万円）も浪費してしまい，今も返済中である。B婦人は妹にも経済面で援助を行った。

　B婦人は青年期になると摂食障害に罹患した。かなりの期間痩せ細った状態だった。その上，激しい運動を続けた。彼女は両親，特に母親似で，不安が強かった。母親がまた躁うつ病になるのではないかといつも心配していた。B婦人は抑うつエピソードを数回経験するものの，大うつ病になることはなかった。強い怒りにとらわれることもあり，幸福を感じるときでもこんな小さな体では幸福もどこかへ行ってしまうと漠然と考えることが多かった。彼女はそんなことを考えても決して否定的な感情を抱かなかった。

　現在，B婦人はとても活動的で，医療機関で働いている。創造力に富み，芸術活動を行い，精神世界，医学的なこと，心理学，植物学などに興味を持っている。ストレスフルな仕事に移ったので，それまで10年間やめていたタバコを始め，現在は依存状態にある。

　ある男性と同棲しているが，彼についてはあまり語ろうとしない。


## 2. 樹木画テスト

### 2.1. 感情領域

B婦人の樹木画から得られた所見：
- 日々の生活で経済面での問題に関する不安。彼女は両親や妹の経済面での援助をしていた。家族に対する思いやりと自責的な傾向から，家族

第 4 章　症例呈示

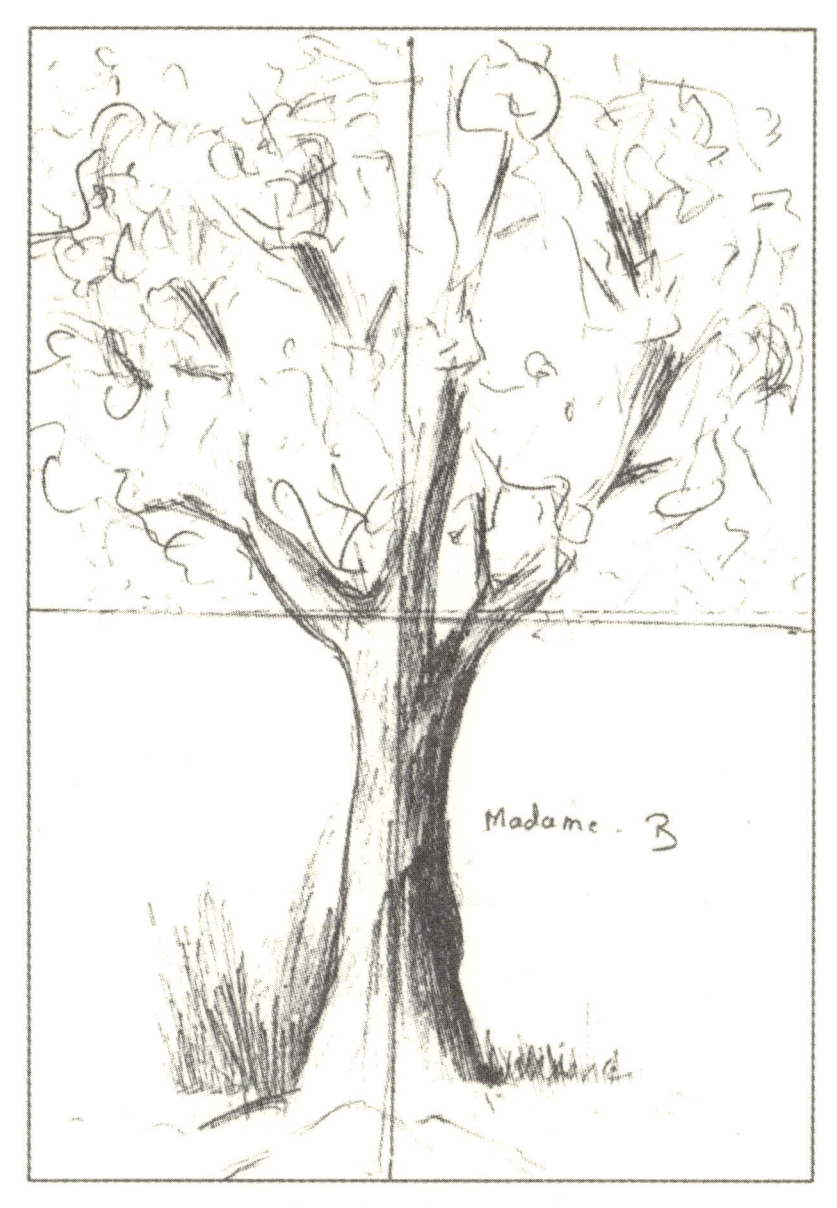

図3　B婦人（32歳）の樹木画
木は中央に位置し，A4用紙全体を使って描かれている

の面倒を見なくてはならないと思っている。
- 神経の過敏さが内面的にもさらに行動面でも見られ，衝動性，易刺激性，攻撃性，暴力傾向（秘められた攻撃性，怒りの爆発）もあり，精神の安定を求める彼女としては，こうした性格傾向をなんとか抑えたいと思っている。
- 引きこもり，自分自身を責める傾向も見られ，他人に自分の思いを話すことに困難を感じている。彼女は若いときから20歳頃まで，コミュニケーションの障害を抱えていた。自身，自閉的で自分の世界に籠もり，周囲の人々との関わりを持てなかった。唯一のコミュニケーションの手段が，人を笑わせ，おどけ者になり，話を続けることだった。周囲からの影響を受けやすかったので，あまり喋りすぎて周囲に違和感を感じたりすると，やっぱり相手に受け入れられなかったのだと思ってしまった。
- 自己愛的な傷つきに由来すると思われる自己不全感から，身体的不調や焦燥感を伴う抑うつ状態を呈する。
- 子どもの頃から見られる情緒面での不確実感に起因する感情的な緊張（感情面の負荷）のために，彼女は影響されやすい，そして内的葛藤から何とか割り切ろうとするのだが，すぐに不安焦燥感におそわれる。自分自身の内面を理解したいという思いが，彼女を精神世界の探求に向かわせたのかもしれない。用紙の上方に大きく広がる樹冠部の葉は，宗教的な方向よりも，はるかに熱情の世界に気持ちが向いていることを示している。

彼女はさまざまな矛盾（現れたり，隠されたり）に囚われている。自己不全感が続き，快活に振る舞えない自分を感じている。そうでありながら，彼女は自分自身を知りたいという思いから知識欲は並大抵のものではない。B婦人はこの自己矛盾をよく知っている。信頼感の欠如や自分自身の長所を周囲に認めて欲しいと思っていることをあえて言おうとしない。

自分の野心や全能感が十分に満たされていないことに苦しんでいる。他人にあれこれと指図をすることは，長年にわたって彼女が行わざるを得なかったことであった。まだ十分に大人になっていなかったにもかかわらず，家族のリーダーとして決断しなければならなかった。そうした状況になると彼女はかえって両親を愛すべき存在と思うように努力し，そうすることで安心できたりもしたのだった。

かけがえのない存在でありたいという欲望とそうならない不全感の間を揺れ動く葛藤に満ちた自己矛盾から逃れようと，B婦人は状況を変えたくて空想に浸り，現実の生活から離れたいと思いながら，実際には強迫行為を繰り返し，思考停止状態にいつづける。

### 2.2. 知的領域

B婦人は好奇心の強い人で，何か隠されているもの，表面に現れないものを知りたいと思っている。知識を得たいと思い，知識を持つことで彼女は人生の中のさまざまなものに興味を持つようになった。彼女は熱心に観察する性格の人だったので，何かにつけてメモを取りまくった。それに手先が器用なので手仕事や芸術的な仕事に向いていた。探求心も強かったが，そのために物事の触れてはいけない部分まで見ようとしているのではないかと恐れを抱いている。**B婦人は自分自身のこのような恐怖感と抵抗を認識していた**。

彼女が何か問題に直面すると，その問題をあらゆる角度から検討し，理解し，できれば避けようと努力するのだが，彼女の問題理解の方法が，しばしば優柔不断さ，解決の困難さを招く。いつもどのように始め，どのように取り組み，語ればいいのかわからないのも彼女である。

B婦人の樹木画から，強い空想癖，想像による思いこみの激しい自己満足，ある種の厳格さでその空想や想像を体系化したいという強い欲求が指摘できる。夢を見ること，想像することをしないように努力しているし，そうなったときもできるだけコントロールしようと努めたと彼女は語った。さらに極力理性的であるように努め，理性的に考えることで自分の中にある夢想的，衝動的，不安といった傾向にならないようできるのではと思っていた。そう

は言っても，芸術的活動に関しては彼女は想像力を駆使した。

彼女には一方でそそっかしく，ぼんやりしてしまう傾向もある。注意力が散漫になり，そんな時の彼女の思考は明晰さに欠けていた。**思考力が働かず言葉でうまく認識できないとき，芸術的な活動が役に立ったのである。**芸術が彼女の思考に衝動，感情，感覚を表現する形態や色彩や音を与え，そのためかえって言葉によるコミュニケーションが苦手であった。

情緒的な負荷のかかりやすさも同様に情緒，感情，欲求をうまく言語化できない原因であった。こうした困難さのゆえに自分の将来を具体的な形で思い描けず，自分は駄目になっていくのではないかという恐怖に囚われている。

### 2.3. 社会的領域

B婦人は確固とした社会的立場を求めている。一緒に仕事をしている人たち，家族のように身の回りにいる人たち，そうした人たちに支えられ，楽しく暮らしたいと願っている。彼女は本来社交的で情熱家であり，人づきあいも好きなのだ。目立ちたがり屋で，白黒はっきりさせたがる人だが，あからさまなやりかたで振る舞うには抑制がかかっていた。そこで方策を考えたのである。つまり，人の役に立つ人間，つきあうと何か得をする人間であるかのように振る舞った。常に自分の仕事以上に働き，他の人の分までやってしまう。仕事に対するあまりの熱心さ，そうしないではいられない強い知識欲が隠されている。

### 2.4. 空間象徴

樹木画の右側が濃い陰影で描かれ，これは欲求，現実的な課題，父との関係を示している。父との関係は，彼女の現実的な欲求や社会化に障害となっている。両親の暴力がおそらく彼女が衝動をうまくコントロールできない原因であり，そのため自分自身のうちに，怒りや衝動性，攻撃性などが沸き起こる。

幹の陰影は物質的な問題を抱えていることを示し，それは両親の経済的困窮に彼女が関わっていることからも理解される。彼女はこう語った。「お金，

それってすぐに逃げていくし，生きて行くのに必要なだけあればいいの。一番大事なことは，金銭やモノじゃないのよ」（用紙の下部）。性的なことと関係のある問題を隠したいという欲求が，未来の領域よりも過去の領域に数多く見られるが，うまくコントロールされていない。草むらが用紙の右側（未来）よりも左側（過去）で背丈が高い。

　用紙の上部区域（木の大部分が上方に位置している）は自我，知性，精神性に関係するのだが，この領域で樹冠部が豊かに描かれており，こうした方面への関心が高い。彼女にとって，今重要なものは情熱を注げる活動である。

### 2.5. 描画後の質問について

　ドングリの木を描いたB婦人は，自我のコントロールができ（きびきびとした態度），意志の強い男性のように精神的にも肉体的にも強靱でありたいと思っている。自分がやっていることやその原因について彼女はよく知っている。強い意志を持つことが大事で，彼女は行動的でエネルギッシュな人（まさに活動的タイプ）であり，目的志向が強い。彼女の外見もすらっとして背が高く，ほっそりしている。まるで男の子のように見え，髪は短く，スポーティーで生気に溢れ，過去の思い出に浸っているように見えても（これからも成長しつづけるのはちょっと困難）むしろ未来志向である。B婦人は今までにやったことのないことをやりたいと思い知識欲も強い。さまざまな活動を通して自分自身成長したいと思っている。


### 3．参考資料

#### 3.1. 樹木画のサイン

根：単線，幹や茂みに比べてかなり小さく，とても細い根。

根もと：草むらに根もとは覆われ，下方に向かって両側に広がっている。

幹：二本線で描かれ，同じく二本線の枝に移行している。枝が幹から繋がっているものと繋がっていないものとがある。

幹の表面，樹皮：細かな描線で盛り上がったように描かれ，濃い陰影で

黒々としている。

幹の輪郭：すっきりと描かれてなく，何度も訂正されている。

枝：二股に分かれて上方に伸びている。濃い安定した描線で描かれ，周囲と調和している。

樹冠：大きく豊かである。

樹冠の大きさ：縦方向4/4。横方向4/4。

樹冠の内部：十字形，茂みの中にはさまざまな細かな描線，葉っぱ，殴り書き，繰り返され黒々とした描線。

木の位置：用紙中央。

木の高さ：4/4

### 3.2. 描画後の質問票

1．この木はどんな木？
　　――ドングリの木。

2．この木は何歳ですか？　とても年を取っているとか，若すぎるということはない？
　　――30歳。

3．この木は，何かに，あるいは誰かに似ていますか？　この木のどこからそのような印象を持ちましたか？
　　――男の人。その男性が腕を広げ，茂みと歳月を支えている感じがする。

4．この木は生きていますか？　もし，生きているのなら，どこか死んでいる部分はありますか？　あるとすれば，それはどの部分ですか？　何があなたにそう思わせたのでしょう？
　　――ええ，この木は生きています。死んでいる部分なんてありません。ここに描いたすべての植物が生きています。木が死ぬなんて私は想像もできない。

5．この木は積極的ですか，あるいは受動的ですか？　この絵の中で，そう思わせるのはどんなところですか？

──積極的。そびえ立っている。
6．この木は，過去の木ですか，それとも未来の木ですか？　この絵のどんなところからそう思いましたか？
　　　──未来の木です。でもこれまで生きつづけた証，過去の思いを抱えているという意味では過去の木でもありますね。
7．この木はまだ成長しつづける木ですか，それとも成長は止まって大人になった木ですか？　この絵のどんなところからそう思いましたか？
　　　──大人になった木です。でもこの木が望み，そして今の状態に満足できなければ，さらに成長もできるのです。
8．この木は何かが欲しいと要求していますか？　この絵のどんなところからそう思いましたか？
　　　──もっといろいろなことを理解したい，もっと生きたい。
9．この木を見て，以前どこかで見たような，あるいは懐かしさを感じますか？　あるとすれば，どのようなところからそう思いますか？　ないとすれば，なぜ？
　　　──懐かしいと思わない。（B婦人はこう答えたがその理由については語らなかった。理由が見つからなかったのである。）
10．この木は普通に成長してきましたか，あるいは成長するのが大変でしたか？　この絵のどんなところからそう思いましたか？
　　　──ちょっと大変だった。でも楽しく，そう楽しく成長してきたの。


## II　ブルーノ

1．生活史・現病歴

　ブルーノは26歳，大学2年までのコースで数学を勉強し，教育学の学位を取得した。彼は今地域の青少年のために学習サポートをしている。彼は教師になるためのコースへ進学する準備中である。高校3年でバカロレア大学

入学資格試験の頃までは途方もない野心を抱いていた。試験に失敗したため，彼は家族の中で醜いアヒルになっていたようである。家族からすれば，社会的にある程度認められる学歴を身につけるのが当然のことであった。16歳の時，音楽家になりたいと思ったが，両親が現在の進学コースに進むように決めた。そして彼はいつも心臓が締めつけられるような痛みを感じ，コンサートを聴きに行くと，決まって「将来への足がかり」を持っていないことをしみじみ感じた。しかし，音楽の道を究め頂点に上るということがどれほど難しいかも知っていた。彼には音楽以外に心引かれるものが2つあった。ひとつは古代的なもの，もうひとつはロマン主義の古典音楽だった。こうしたものが好きではあったが，古くさく年寄り趣味だとも思った。彼は現代的なものに，より惹かれていたかもしれない。何を勉強すればいいのか悩み，自問自答の末，彼はそれまでとは違う方向を選択する。家族の意向をとても大事に尊重したのだった。母親には親近感を抱いていたが，父親とはうまく話ができず自分の気持ちを伝えることができなかった。父親の日頃の関心事はチェスとコレクションなのである。内省的にものを考え，自分の感情を抑え，思っていることを言わずにいるというのは，彼にとって簡単なことではなかった。想像や感情を表現することにこだわるようになっていった。その意味で音楽は自分の感情と性格を認めてくれる助けとなった。彼は同性愛者で3年前から男友だちと関係があり，同棲している。この状況を母親は理解してくれたが，父親は理解してくれなかった。彼は家族の桎梏から解放されたかったのである。家族の元にいたいという気持ちとそこから離れたいという願望が同時に彼の心にあった。

## 2．樹木画テスト

### 2.1. 感情領域

ブルーノの感情は過去の多くの出来事に縛られている。自分を守って欲しいという愛着がさまざまな水準で表現されている。たとえば，古道具のがらくたの山，家族を尊敬する気持ち，たたき込まれてきたある種の価値観，青

第 4 章 症例呈示

図4 ブルーノ（26歳）の樹木画
用紙の左上方に位置している

年期に入ってからの音楽への志向。音楽というこの駄馬から下りることの難しさが，過去と未来の間にある葛藤の原因になっている。過去へ沈潜し，とりわけ母親的なものへ結びつけられていたブルーノは，母親に極端に依存的だった。彼の愛着は持続し巨大であった。母の傍らで，保護と保証を求めつづけたのも，母ならいろいろなことを受け入れてくれる人だと知っていたからである。外の世界と直面化しなければならないとき，彼は母親に委ね，困難なことを解決してくれると思っていた。母親と離れると思っただけで彼は強い不安に襲われた。孤立感は同時に母親の保護を求める気持ちに繋がっている。周囲の人が自分に関心を示してくれないとすぐに放り出されたように感じ，ひとりでいる自分を考えると耐えられなかった。こうしたことから，彼の強い依存感情が確認される。

　母親へのしがみつきは，とりもなおさずうまく接触できない父親への接触困難を示している。ブルーノは，父親を情緒的な視点から見ることができず，父親のことを日常生活を淡々と繰り返し冒険をしない人物だと述べている。エディプス的葛藤が内在化され，患者は恐怖を感じさせる人間を前にしてすべてを諦めているように見える。葛藤を抑えようとする傾向が強いため，外見的には物静かな印象の人に見られた。木のサインを検討すると至る所に自己愛的な性格が指摘される。ブルーノは実際消えてなくなってしまいたいと思いながら，自分のことにしか関心を向けなかったので，それは自己評価の引き上げ，偉大なるものの探求（高い位置に孤立している木），優秀さ，全能感を求めていると見ることもできる。自我のイメージを飾り立てたい欲求は，自己愛的な傷つきのサインなのだろう。自分の野心も家族の考えによって抑え込まれ，ちっちゃなアヒルなのだという自己認識。音楽家になることも家族から反対され，親の考えた道を歩むことがまるで自分の希望ででもあったかのように振る舞い，不満の感情を隠そうとしている。このような自己賛美や自分の優秀さを顕示しようとする傾向は，保証を求める自己愛的な欲求に対応する。ブルーノにおいて，情緒的葛藤は内在化（情緒的負荷，感情表現の慎ましやかさ）されて表現される。自分を表現せず，周囲とコミュニ

ケーションを取らない，さらに依存的になると母親以外には感情を見せないと彼は批判される。感情を十分にコントロールできないのは，むしろあらゆることを支配したいという思いが原因となっているのだろう。攻撃的な感情は，彼の情緒的な生活から姿を消していった。

　ロールシャッハ・テストで指摘される要素は，樹木画テストに表れたサインを補完している。ブルーノの反応から衝動的運動を抑制しようとする防衛機制が見てとれる。しばしば，衝動的な要素を無機物や枯渇したものに読みかえている。運動的な要素を静止させ固めてしまう傾向があり，これは歴史や伝統でがんじがらめになっている自分を解放したいのだが，それができずにいる状態を示している。たとえば，ロールシャッハの第1図版に対して，2人の天使がくっついていて対立せず，神聖な力で性的なものを感じさせない関係にあって，心の動きをすべて否定して固まっていると反応している。ブルーノには衝動的な運動を抑圧し，攻撃性や性的なものを否定する傾向が見られる。鏡像関係への執着は衝動的なやりとりや運動感覚的筋書きを弱めようと努力し，欲望－葛藤からの乗り越えを拒否している。つまり，第1図版の反応では2人の女性が粉ひきをしていて，彼女たちは同じ部族に属し，まったく同じ行動をしていると語り，第7図版の反応は2人の老女がテレパシーで交信しながら踊っている。違和感のあるもの，つまり葛藤をもたらすものとの直面化を避けつつ，分離されうるものに押しつけてしまうことが問題なのである。認知された形態から感情を排除する傾向が第6図版の反応に見られた。この図版で「動物の皮」という反応は，一般的に逃避であり，この図版に対する反応が彼の性格にもっともよくあったものである。運動を抑圧しなかった唯一の図版が第10図版で，彼はこの図版を好んだ。第2図版は一番嫌いな図版で，背後に何もない眼窩に見えたため，自我統合の障害に関連する。彼の承認欲求は解剖学的な反応で表現され，知的に振る舞おうとした。形式主義的傾向は，自発性と知性化を阻害する。自分の感情を言語化できない人々に，このような傾向がしばしば見られる。その場合，現実的な対処を優先させ，情緒的な営みを切り捨ててしまう危険がある。他者を自己

のように見ることで直面化を避け，衝動的動揺を制御できたとしても，心理的機能は障害されていると考えることができる。彼は性的，攻撃的興奮が湧き起こり制御できなかったらどうしようと不安になっている。ここで，包み込まれること（動物の皮が2枚，鏡に映った顔が仮面に変化する，蟹の甲羅）に関わるものが数多く挙げられ，内部と外部の境界線を水も漏らさぬように堅固にしようと試みているのが理解される。そして境界線をあまりにも堅固にしようとしたために，かえって感情を凍らせ負荷をかけてしまうことになる。またさらに自己像的取り込みがいかに第三者を排除しているかが指摘できよう。

### 2.2. 知的領域

ブルーノは内省力や好奇心も精神の広がりもあり，文化や思想についてもそれなりに興味を抱いている。進むべき方向を決め，それに向かって努力しようとしている。しかしながら，彼の知的生活と日常生活の間には矛盾も見られる。つまり自分の希望に対して両価的になっているのだ。一方で，興味をかき立てられるものに対して素直にそして積極的に受け入れようとする。しかし興味の対象が物理的あるいは身体的なものである場合，想像力を使って興味の対象を美化し，ありふれた考えを越えたところで思考を巡らせているのだと彼は主張したいようである。ところがもう一方では，彼が思うように内省力や想像力を駆使できるかは疑わしい。というのも，彼は昇華の防衛機制をとりつつ，知的に生きることを強く望んでいる。彼は自分の素直な気持ちを率直に表現できない闇を抱えながら，率直に抑圧せずに解放したいという思いを持っていた。こうした思いに見られる葛藤は，彼が同性愛的環境について語るとき，「この環境に浸っていたいと思いつつ，そこから抜け出したいと思う」自分に気がついている。こうした矛盾が彼の知的活動を妨げ，彼の活動に余計な先入観や葛藤が入り込み，精神的動揺をコントロールできなくなり，人生の障害にぶつかることになった。

ロールシャッハ・テストでは，考えを常により精神性の高い要素のイメージに投影させようとする彼の意志が，ありふれたものでは我慢できない傾向

を反映させている。この上昇志向は，第1図版では，人間と神のあいだを行き交う2人の天使という形態となって表れる。彼の反応はあまり現実に根づいていない。個人的つきあいが苦手だった。ブルーノの知的で創造的な活動は，劣等感情に基づく不安に囚われているようだ。小さな動物を見ると，はっきりと退行が示唆される（このサインは空間象徴理論によっても，木の位置が受動的で制限されていると判断される領域，つまり用紙の左上方，情念や受難の領域に木が位置している）。

### 2.3. 社会的領域

ブルーノはここでも2つの傾向を表現する。ひとつは，自分の性格を肯定し，自立しようとする。これは周囲との接触を恐れて，ある程度距離を取ろうという配慮から理解される（遠慮と慎重さで他者と接しようとしない）と同時に，周囲の状況を意のままにできるものにしたいためである。もうひとつは，ブルーノ自身が他の人々から価値のある人間と認められ，周囲が望むものになろうとしている。背景にはうぬぼれや自己愛的な要素が存在する。彼は三者関係よりも二者関係的な関わりを強く求める。二者関係に満足し，社会的環境からは受け身的で影響を受けやすい。社会的認知を強く求めるために，彼は他者のまなざしに敏感である。

ロールシャッハ・テストで，環境に応じて色彩を変化させるカメレオンが現れ，これは自分の価値を認めて欲しい欲求であり，周囲に自分をあわせることで自分が認められることも意味している。自己像的関係の主張は，二重身的対象を持ち込んでいる。価値のある存在でいたいという思いは，価値のあるものの表現（たとえば，第1図版，白黒のイメージは宗教画に結びつけられ，色彩の重要性が認められる）に結びついている。価値の切り下げは，第2図版で「これはあまりよいとは思わない」というコメントからも了解される。

### 2.4. 空間象徴

ブルーノの樹木画は用紙の左上方，つまり郷愁や過去の領域に位置している。これは彼の過去への強い愛着とそれにブレーキをかけてしまう彼の受動

性とそれに由来する困難さが表現されている。

### 2.5. 描画後の質問について

ドングリの木を描いた26歳のブルーノは，この木を精神的にも肉体的にも強く，自分の感情もよくコントロールできるたくましい何かと見ている。大地に足をしっかりとつけるのを彼は好む。自分のなすべきこともその理由も知っている。彼はむしろ変化を好まず，伝統的な事柄に愛着を感じている。彼の答えが未来に向けられたものであるとしても，彼自身は，今の世の中に生きにくさを感じ，過去に戻りたいと思っている（祖父を思い起こさせる木，現代的でない木）。この反応から，内心の思い（未来に向かいたい）を要求するような表現と，過去から逃れることの困難さ（できるものなら現代に適応したいという思い）が読み取れ，また彼は成熟している（年齢よりもずっと年老いているという感覚）。行動的な人間でありたい（樹木画はむしろ過去の誰かであることを意味しているが，実際のところ，彼が望んでいる存在以上のものになることが関心事なのである）と語る。みんなが自分のことを気にかけて欲しいと望んでいる（情緒的，愛情，保護して欲しいという欲求がありながら，同時に評価して欲しい）。

## 3．参考資料

### 3.1. 樹木画のサイン

根：単線で，幹や樹冠よりずっと小さく，細い捻れた根。

地面：単線で盛り上がっている。

根もと：左側が広がっている。

幹：二本線の幹と枝。小高い丘の上に木がある。幹と樹冠の高さは同じくらいの長さ。

幹の輪郭：何度も繰り返し描かれ，幹の輪郭が強調されている。

枝：二本線，開かれた，管状の枝；雲形で球形になっている枝の先端。

樹冠：雲形の樹冠，アーケード型の茂みと不連続な描線，茂みのアーケード型，内部に短い曲線と多様に開かれた輪郭線。

樹冠の大きさ：用紙の2/4。
樹冠の動き：茂みは均衡。
樹冠の内部：茂みの中の十字形，茂みの中のすっきりした描線とゴテゴテした幹の描線。
木の位置：左上方に位置，左に寄っている。
木の高さ：2/4，ドングリの木。

## 3.2. 描画後の質問票

1．この木はどんな木？
　——ドングリの木，あるいは幹から見上げるようなブナの木。とても大きな木。
2．この木は何歳ですか？
　——100歳。とても頑丈な木。
3．この木は，何かに，あるいは誰かに似ていますか？　この木のどこからそのような印象を持ちましたか？
　——父方の祖父に似ている。ドングリの木，高貴さがあるから。
4．この木は生きていますか？　もし，生きているのなら，どこか死んでいる部分はありますか？　あるとすれば，それはどの部分ですか？　何があなたにそう思わせたのでしょう？
　——葉が茂っているから生きています。木はふくよかで生命に溢れています。
5．この木は行動的ですか，あるいは受け身的ですか？　この絵の中で，そう思わせるのはどんなところですか？
　——行動的です。
6．この木は，過去の木ですか，それとも未来の木ですか？　この絵のどんなところからそう思いましたか？
　——時を越えている木。この木には未来が広がっている。
7．この木はまだ成長しつづける木ですか，それとも成長は止まって大人

になった木ですか？　この絵のどんなところからそう思いましたか？
　　　——この木は成熟しているんです。大きな木なのだから。
 8．この木は何かが欲しいと要求していますか？　この絵のどんなところからそう思いましたか？
　　　——水を欲しがっている。それがないと生きていけない。もっとこの木に関心を払って欲しい。
 9．この木を見て，以前どこかで見たような，あるいは懐かしさを感じますか？　あるとすれば，どのようなところからそう思いますか？　ないとすれば，なぜ？
　　　——懐かしさを感じるということはない。目の前にあって木の生きかたを見ているのだから。それにこの木も今何かを懐かしんだりしていない。
 10．この木は普通に成長してきましたか，あるいは成長するのが大変でしたか？　この絵のどんなところからそう思いましたか？
　　　——普通に成長してきたと思う。幹はまっすぐだし，いっぱい葉も付けているし。


## Ⅲ　サ　ラ

### 1．生活史・現病歴

　サラは17歳の少女で，母親と暮らしている。15歳の終わりに留年し，そのためこの2年間学校に行かず，かといって仕事をするわけでもない。背が高く（178cm），セクシーで「ほっそり」している。彼女は控えめで内気で自分をうまく表現できない。知らない人に会ったときには，その人の前でほとんど何も喋らずにじっとしている。話しかけられてもほとんど話をしないし，会話には興味がないように見える。そればかりでなく周囲のことにまったく関心を示さず，自分の世界に引きこもってしまう傾向があった。一日中

テレビを見て，タバコを吸いつづけ，あとは寝るだけの生活を送っている。何かに向かって行動することもなく，ただ生きているという状態であった。夕方から夜になると，「友だちとつるんで」時間を過ごす。勉強のことや将来のことが話題になると，彼女は急に怒り出し，会話を拒否する。何かをやろうという意欲も能力もなくなってしまったようである。母親にしてみれば，子どもの頃のサラは，快活で何か目標が見つかればとことん最後まで情熱を持って取り組む子どもだったので，驚きはひとしおであった。

　子ども時代からサラは，いろいろな困難に出会ってきた。4歳で名付け親の死に直面し，激しく動揺した。8歳の時，その名付け親の死が自殺だと知ってショックを受けた。12歳では，同一性危機を経験し，身体の変化を受け入れることがなかなかできなかった。この頃の彼女はすらりとしてしなやかな身のこなしで木登りをしたり，サッカーをしたりとまるで男の子のように（父親は男の子を欲しがった）振る舞い，周囲からも男の子と間違えられるほどであった。同じ頃両親の関係は最悪の状態で，結局離婚した。彼女は母親と生活することになり引っ越さなければならなかった。成績は下がり，家庭や学校の問題に悩み，不良の女の子たちと頻繁につきあいはじめた。タバコ（マリファナ，ハシシュ）を吸いはじめ，アルコールをがぶ飲みし，エアゾールボンベを吸入した。

　時々は父親と会っていたが，それも徐々に間遠になっていった。父親からの説教を聞くのが嫌だったのである。話しかたから食べかた，身だしなみ，学校の成績，不良との交友関係，それにアルコールやタバコについて言われるのが嫌だったのだ。

　姉との関係はしばしば葛藤に満ちていた。姉が自分よりもずっと長い期間家族の保護を受けてきたこと，成績も優秀だったこと，姉のようになりなさいと親が言っていたこともあって，サラは姉を嫌っていた。姉と比較されるのも耐え難かった。何でも「完璧な」姉と比べると，自分のほうが下等で価値がないように感じられた。

　現在，サラは飲酒もハシシュもやめている。でもタバコは依然として続け

ている。とりあえず，それなりの動機や信念があるわけではないが，デザイン関係の前期中等教育を受けようと考えている。

## 2．樹木画テスト
### 2.1. 感情領域

　子ども時代を通して，サラはとても内気で内向的，常に防衛的な人間だったようである。しかし，不良の友人たちとつきあうようになってから，外向的で行動的，享楽的な面を見せるようになった。それまでは母親に依存し，もし母親がいなければ，自分でもどうしたらよいかわからなくなってしまっていた。できることなら，両親からいつも可愛がられ，世話を焼いてもらい，抱っこされていたかった。同胞関係は葛藤に満ちていて，いつも比較されていた姉には対抗心を抱いていた。生きていくモデルとしてサラの前に現れていた姉の姿は，サラを深く傷つけたのだった。彼女は落ち込み，自分を価値のない人間と思うようになっていく。自己愛を傷つけられたサラは，不全感と無力さを感じ，そのため母の傍らで保護と安心できる場所を求めなくてはならなくなった。

　8歳から9歳にかけて，名付け親の自殺を知って激しい動揺に見舞われた（ヴィトゲンシュタイン指標）。

　青年期にはいると，両親が離婚した。この離婚はまさに外傷体験と呼ぶにふさわしい。成績は下がり，留年となり，結局勉強はすべて放棄してしまった。タバコを吸いはじめ，さらに（アルコール，ハシシュ，吸入剤などの）薬物乱用が，彼女が経験した惨めな状況を埋め合わせてくれた。離婚が母親への依存関係を増幅させ，親密さのあまりなかった父親との関係はさらに希薄になっていった（空間象徴を参照：父親を投影する右側の領域が空虚である。木は母親との愛着を示す左側の領域に位置している）。サラの人生は，過去への愛着，さらに言えば，家族がまだ一体感を持って暮らしていた時期に結びついている。現実から逃れようとして，自分を変えたり，空虚さの埋め合わせ（薬物を使った人工楽園）を試みた。現実と彼女の欲望や願望との

第 4 章 症例呈示

図5 サラ（17歳）の樹木画

乖離が母親や周囲との乖離となって現れた。暇な時間（テレビを見て家に閉じこもっているか，友だちと夜遊びをする）は，自分の世界に籠もり，歪んだ現実に逃避した。

　サラのやりかたは子どもっぽく，情緒的にきわめて未熟で（感情のコントロールが困難で，反応が鈍い），そのため自分の欲望と現実との関係がうまくとれなかった。ただ夢見ることだけしかできず，自分の希望が受け入れてもらえるわけもない現実から遮二無二逃げようとしたのだった。彼女の行動の背後に抑うつ気分があり，しかも内省的で孤立した時期（一日中家に閉じこもっていた頃）と，高揚し（仲間と遊び回っていた頃）自分にも他人にも攻撃的になっていた時期に分けることができる。うち捨てられた世界から自分を慰め守るために，彼女は口唇期的依存（タバコ，ハシシュ，アルコール，それに食べ物も）で埋め合わせた。薬物乱用の治療と母親に向けられた愛着を通して，徐々に何か仕事を見つけようとするのだが，刹那的に生きている彼女にとっては，学校も仕事もどんな訓練も興味が湧くわけはなかった。

### 2.2. 知的領域

　サラの知的発達は普通である。学校の成績も12歳までは何の問題もなかった。子ども時代の彼女は，一旦決めたことは最後までやり遂げる子だった。いろいろな活動に興味を持ち忍耐強くやりつづけた。青年期に入って，両親の離婚が彼女の行動に影響を及ぼし，学校の成績は急に下降線を辿る。勉学に対する興味や関心がなくなり，知的な面での障害（抑制，客観化能力の欠如）が目立つようになり，15歳から学校に行かなくなる。彼女は過去の思い出に執着するあまり，将来に向けて勉強して頑張ろうとする気持ちが失せてしまったように思える。努力しないで安易に結果を得ようとする傾向が，行動の至る所に見られた。サラはあまりにも早い時期に人生を諦めた。目的はそう簡単には達成しないのである。

### 2.3. 社会的領域

　知らない人に対しては内気で控えめだったサラも，自分が信頼している人と一緒だとのびのびとリーダーシップを発揮することもできた。しかし，い

つもはとっつきが悪く，慣れない状況や見知らぬ人々に囲まれると穏やかではなかった。

他者に対する両価的な行動には2つの傾向が見てとれる。

- 彼女を受け入れてくれる人々の意見はよく聞くし，愛想もよかった。周囲の人々（家族や友だち）のために甲斐甲斐しく振る舞った。
- 接触を拒否し引きこもってしまう場合には，内向的で反社会的な態度をとり，周囲の人々にも皮肉な，攻撃的で，横柄な態度をとった。近親者（姉や父親）とは，支配・被支配の葛藤関係が続いた。

過去への執着，未来への不可能性，夢と現実の乖離こそが，彼女の不満の原因であり，そこには社会に対する不満と無力感もあり，それが彼女の成長を抑えている。たった一人で世界に立ち向かうことは困難だと感じ，支えが欲しいと思いつつ，それがあれば学校でも家庭でも成長できると考えている。

### 2.4. 空間象徴

木の大部分が用紙の左側に位置している；過去にこだわり，（特に姉との）葛藤，父親との（場当たり的で疎遠な）関係，母親との（依存感情と強い愛着）関係が際立つ家族関係；ノスタルジー（家族が一体となっていた時代への思い）。

目的，熱情，野心の領域（右上）はほとんど何も描かれず，サラは過去と現在の刹那に生きている。未来に目を向けることなく，これから先のことは考えられない。

サラが強く求めているもの（右下）は，情緒的なもの（愛情，恋愛，保証，家族の支え）なのである。

### 2.5. 描画後の質問について

松の木は愛や結婚の忠誠心を象徴している。サラにとって，松の木は，かつて家族が一体感を持って暮らしていた松の木通り（地名）の家を思い起こ

させる木である。子どもの頃の家をとても気に入っていて，両親が離婚するまでは何の問題もなく彼女は成長したのである。

　サラが描いた木は10歳である。この木は若く生命力に満ちている。質問に対する答えは，樹木画に見られるサインからも明らかなように情緒的な未熟さを示している。

　さらに質問の答えから，空間象徴に関する情報と同様のものを読み取ることも可能であろう。つまり，情緒的欲求の強さ，現在と将来に立ち向かうために過去への傾倒を振り払えないことである。

## 3．参考資料
### 3.1. 樹木画のサイン
根：幹よりも大きい，二本線の根で，ねじれて瘤状。根もとの部分で交叉している。

地面：盛り上がった曲線。

根もと：根と幹の下部一体となっている，根もとは両側に広がっているが，特に左側が広がっている。

幹：二本線で先端は広がり，茂みに連続している。左側に広がり，茂みの高さよりも幹が長い。幹の中心にあるウロ。

幹の輪郭：はっきりした描線あるいは筆圧が強い線が幹の下部に見られる。

枝：単線，対称的な鋭い描線。幹と繋がらないかあるいはしっかりとは繋がっていない。樹冠の内部に向いている枝。

樹冠：輪郭は不連続で曲線の描線がアーケード型を構成し，樹冠の内部と外部は描線が所々切れている。高さは3/4。大きさ3/4。樹冠は右に広がっている。

木の位置：左，中央に位置。

木の高さ：3/4

## 3.2. ヴィゲンシュタイン指標の計算

サラの年齢：17歳

木の長さ：181mm

樹冠部の長さ：86mm

地面から樹冠部の下端まで：95mm

幹の長さ：108mm

ウロ：78mm（地面からウロの下端まで）と90mm（地面からウロの上端まで）の間

17×78÷181＝7歳4カ月；17×90÷181＝8歳4カ月

サラは7歳4カ月から8歳4カ月の間に外傷的体験を受けたのだが，それは名付け親の自殺を知り，自殺という行為の意味を理解した時期だと思われる。

## 3.3. 描画後の質問票

1．この木はどんな木？
　——松の木。以前に私が住んでいた家は，松の木通りという地名だった。庭に大きな松の木があった。
2．この木は何歳ですか？
　——10歳。
3．この木は，何かに，あるいは誰かに似ていますか？　この木のどこからそのような印象を持ちましたか？
　——まだまだ若い木。
4．この木は生きていますか？　もし，生きているのなら，どこか死んでいる部分はありますか？　あるとすれば，それはどの部分ですか？　何があなたにそう思わせたのでしょう？
　——もちろん，生きている木。死んでいる部分なんてない。
5．この木は行動的ですか，あるいは受動的ですか？　この絵の中で，そう思わせるのはどんなところですか？

——行動的。だって風に揺れているんです。
　6．この木は，過去の木ですか，それとも未来の木ですか？　この絵のどんなところからそう思いましたか？
　　——この木は過去の木でもあり未来の木でもあるの。生きてきたし，これからも生きていくの。
　7．この木はまだ成長しつづける木ですか，それとも成長は止まって大人になった木ですか？　この絵のどんなところからそう思いましたか？
　　——ちゃんと成長してきた木，でもこれからも生きつづける木なの。
　8．この木は何かが欲しいと要求していますか？　この絵のどんなところからそう思いましたか？
　　——水と土と愛情を欲しがっているの。
　9．この木を見て，以前どこかで見たような，あるいは懐かしさを感じますか？　あるとすれば，どのようなところからそう思いますか？　ないとすれば，なぜ？
　　——ノスタルジックな木じゃないわ。周りから見れば，藪のように見える木なの。
　10．この木は普通に成長してきましたか，あるいは成長するのが大変でしたか？　この絵のどんなところからそう思いましたか？
　　——成長は普通だったの。緑色の葉っぱがいっぱいの大きな木なんです。

## Ⅳ　ローラン

### 1．生活史

　ローランは25歳。この2年間，自動車の外装関係の会社で夜働いている。夜間の仕事のために，精神的に不安定になったり，つきあい（彼は人づきあいが好きである）の時間がうまくとれなかったりしている。もっともローランは夜の仕事を始める前から，神経質で不安定なところはあった。青年期に

入って，治療が必要と考えられる不安発作も頻繁に見られた。この不安発作は周囲から病気とみられ，意識消失も伴った。意識消失発作は心地よいトランス状態を招くこともあれば，暴力的な行動になることもあった。実際のところ，「発作」がおきると，多かれ少なかれ身体を傷つけた。この発作や病気は14歳から21歳まで続いた。

ローランは両親と一緒に住んでいる。家族と生活することはいろいろな意味で難しく頻繁に家族間でトラブルが見られるのだが，彼は両親に依存しているので独立して暮らすのは困難なようだ。彼は4人きょうだいの長男（姉，弟，妹）で，家族の中では特に母親と姉とうまくいっていない。

子ども時代の彼は手のかかる子だった。母親はアルコール依存症。父親は運転手で週末にしか家に帰ってこなかった。4歳時，ローランと家族は引っ越した。生活が楽ではなかったための引っ越しだった。8歳になると，彼がとても好きだった母方の祖父が亡くなる。ある時期，祖父が彼の面倒をよく見てくれたことがあった。

青年期になるとローランは非行とまではいわないが行動はかなりすさんだものだった。仲間とバンドをつくり，13歳で喫煙開始。その頃に両親を悩ませた出来事を，今はとても後悔している。それは14歳時にガラスの破片で手首を深く切ったことだった。外科手術が必要と判断され，数カ月間病院に入院している。さらに治癒まで数カ月要し，手の神経や感覚は80％まで回復した。しかし彼は今も後遺症に苦しんでいる（シャツのボタンをかけたりはずしたりすることができない）。

ローランの学業は普通であった。技術系のバカロレアに合格したが，勉強はそこで止めてしまう。母やきょうだいたちのために働くことを選んだのである。彼はまじめに真剣に細心の注意を払って仕事をしていると語る。自分のことを，不安になりやすい性格で，その原因はいらだつとすぐに殴られた家族環境のためだと説明している。彼は悲観主義者で，いつも悪いことばかり考える傾向が見られた。

ちょうど今は，医療や心理的援助を受けることなくタバコをやめたところ

で，少し前から自分自身の弱さや神経の不安定さ，怒りやすさを身にしみて感じている。

## 2．樹木画テスト

### 2.1. 感情領域

ローランの個人的生活は今の現実を支えているある過去の出来事に支配されているような印象を受ける。ともかくも，未来に向けて，この過去を乗り越えた姿をイメージしている。

子ども時代を通して，安定した基盤に支えられ精神的に安定した生活環境を強く望んだ。というのも，ローランはあまりにも幼いときに，母親のアルコール依存や歪んだ家族関係を経験し，それは葛藤に満ちたものでありこれを内在化させてきたからである。

彼を苦しめる新たな出来事が次々と続いた。4歳時の引っ越し。8歳時の母方祖父の死去。この時期，恐怖，不安，罪責感，神経過敏などの症状が出現し，青年期には何らかの医療的処置さえ必要であったと思われる。こうした症状を克服するために，想像や夢の中に逃避していった。彼は芸術的な才能，特にデッサンの才能に恵まれ，それを使って困難を乗り越えようとした。しかしながら，このような方策も今となってみれば，あまり役立っておらず，不安が一層強まり，攻撃的な行動となって現れるようになった。それでも自分の力でなんとかコントロールしようと努力したのだった。彼の両価的感情（悲しみと内的平穏を求めるための高揚感が交互に出現している）は内的体験が生き生きと対立していることに由来するのかもしれない。

子どもの時期，青年期は確かに困難であったのだが，将来に向けられた希望に満ちあふれており，自分の生活を何とか改善したいという欲求も強い。

### 2.2. 知的領域

ローランは知性と現実に対する判断力に優れていた。でも，本当の意味で知的に優れていたかどうかは疑わしく，しかもあまり勉強しようとしなかった。達成すべき目標に関して，自分の能力に対する自信のなさが，優柔不断

第 4 章　症例呈示

図6　ローラン（25歳）の樹木画
最初は横方向に描き，その後用紙を裏返して縦長方向に描画した

で両価的な行動を生み出していった。仕事に関する好奇心，直感的なセンス，行動面でのリーダーシップが，不確かなものを取り繕い，内的脆弱性や依存的で何かにしがみついていた子ども時代の経験と関係の深い，ある種の弱さを補うのに役立っている。しばしば将来に関する決断がつけられない。知的な面や仕事で評価されようと，ローランは周囲に対してこまごまと世話を焼き，配慮をするようになった。周囲に対して気配りや配慮をする性格のためにかえって，現実逃避がみられ夢や願望の世界に逃避していく。

### 2.3. 社会的領域

ローランは他人との関係やコミュニケーションをとるのがうまかった。つまり，協調心と注意力に優れ，周りの考えに自分を合わせることも，譲歩することもできたのである。この適応力こそが仲間内でそれなりの立場を得させ，周囲に存在を認めさせたのだった。人間関係では愛想よく振る舞うものの，かなり酷い行動で他者を操作するため，罪責的になり，そのような場合には何とか信頼を取り戻すように勉めた。彼の行動は葛藤－調和モデル，他者への支配と依存欲求に基づくものであった。彼の精神的障害は個人的かつ社会的な問題に還元される。

### 2.4. 空間象徴

ローランの描いた木は全体が用紙の左側に位置している。つまり過去が，葛藤に彩られた家族関係（とりわけ母や妹との関係）と父親との（場当たり的なあまり接触のない）関係に特徴的に結びつき，さらにノスタルジックな事柄（いつも独りぼっちだったという感傷と恨み）にも強く関係している。

計画，熱望，野心の領域（右上）はほとんど何も描かれていないことから，ローランは過去に生きようとし，将来に立ち向かうことに恐れを抱いていて何もできない状態にある。未来の方向にある雲は，未来を考えると不安定になること，あるいは恐れを表現している。

### 2.5. 描画後の質問について

ローランの木は成長するのが大変だった（枝を切り取られた部分が死んでいる）にもかかわらず，根をしっかりと張り100年を越える古いドングリの

木である。このことはローランが成長期（子ども時代，青年期）に辛い出来事を経験してきたにもかかわらず，過去や伝統や家族に強い愛着を持っていることを示している。この木は小高い丘の上にたった1本立っている。この木の寂しさはローランの寂しさであり，自分に自信がなく，安定したサポートもなく，安定した場所（丘の上で）に避難するか，または想像世界や夢の中に逃げ込むのである。

## 3．参考資料
### 3.1. 樹木画のサイン
根：幹や樹冠よりも細い二本線。細い根。黒々としている。

地面：地層が何層にも重なっている。曲面の地面。用紙のかなりの部分を地面が占め，地面の表面にも描線が施されている，地面のライン上に草が生えている，点線で描かれた地面。

根もと：根から幹へと連なるように続き，両側で下方に広がっている。

幹：二本線。同じく二本線の枝が出ている。幹は樹冠の中に入り込んでいる。丘の上に幹あるいは木が乗っかっていて，左側に心持ち広く描かれている。幹と樹冠の長さはほぼ同じ。

幹の表面，樹皮：鱗模様でザラザラした樹皮で根もとに傷跡がある，弛んだ膨らみ。

幹の濃淡：幹は細かに細部が描かれている。

幹の輪郭：幹の縁取りから続く明確な描線。

枝：二本線，広がった枝で，管状，区分され直線的で鋭い形態の枝。幹を中心にして角張ったシンメトリー，枝の先端は雲形のボール状になっている。曲がりくねった方向がまちまちで内側に向いている枝もある。左側の枝は強調され盛り上がり，厚ぼったい枝になっている。

樹冠：雲の形の樹冠，グルグル型やアーケード型の樹冠輪郭は不連続な描線。内側に波打っている輪郭線で外に開かれている部分と閉じている部分がある。

樹冠の大きさ：高さは3，大きさは1または2。

樹冠の運動：樹冠は左方向に傾き，徐々に大きくなっている。

樹冠の内部：茂みの中に描線の交差，丸形のものが見られ，筆圧の強いはっきりした描線。

木の位置：中央左に位置している。

木の高さ：3

教示に対する自由度：風景が描かれている。

### 3.2. ヴィトゲンシュタイン指標の計算

ローランの年齢：25歳

木の長さ：97mm

1番目のウロ：下端は14mm；上端は21mm

$25 \times 14 \div 97 = 3$歳6カ月；$25 \times 21 \div 97 = 5$歳4カ月

4歳時の引っ越しと家族との生活がうまくいかなかった新しい場所での生活の時期にあたる。

2番目のウロ：下端は29mm；上端は36mm

$25 \times 29 \div 97 = 7$歳4カ月；$25 \times 36 \div 97 = 9$歳2カ月

ここでは，8歳頃のローランを愛おしんでくれた母方祖父の死を経験している。

3番目のウロ：下端は52mm；上端は57mm

$25 \times 52 \div 97 = 13$歳4カ月；$25 \times 57 \div 97 = 14$歳6カ月

この時期に14歳時にあった手首の怪我があった。

### 3.3. 描画後の質問票

1. この木はどんな木？

　　——ドングリの木。

2．この木は何歳ですか？
　　——100歳。
3．この木は，何かに，あるいは誰かに似ていますか？　この木のどこからそのような印象を持ちましたか？
　　——荘厳な木。根を見るとわかるようにすごく年を取っている。丘のてっぺんに，たった1本だけでそびえている。
4．この木は生きていますか？　もし，生きているのなら，どこか死んでいる部分はありますか？　あるとすれば，それはどの部分ですか？　何があなたにそう思わせたのでしょう？
　　——葉っぱと根があるんだから，生きている。死んでいるところはウロ。枝を切り落とされた痕だから。
5．この木は行動的ですか，あるいは受動的ですか？　この絵の中で，そう思わせるのはどんなところですか？
　　——行動的。丘のてっぺんにあるんだから。
6．この木は，過去の木ですか，それとも未来の木ですか？　この絵のどんなところからそう思いましたか？
　　——過去の木。とても年を取っているから。
7．この木はまだ成長しつづける木ですか，それとも成長は止まって大人になった木ですか？　この絵のどんなところからそう思いましたか？
　　——この木はここにずっといつまでもいるし，消えるなんてことはない。いつも成長しつづける木なんだ。
8．この木は何かが欲しいと要求していますか？　この絵のどんなところからそう思いましたか？
　　——成長しつづけるために，土と水と雨を欲しがっている。
9．この木を見て，以前どこかで見たような，あるいは懐かしさを感じますか？　あるとすれば，どのようなところからそう思いますか？　ないとすれば，なぜ？
　　——うん。懐かしい感じがする。だって丘の上にぽつんと立っているん

だから。
10. この木は普通に成長してきましたか，あるいは成長するのが大変でしたか？　この絵のどんなところからそう思いましたか？
　　——この木が成長するのはとても大変だった。この木はずっと風雪に耐えてきた。

## Ⅴ　チィエリー

### 1．生活史

　チィエリーは20歳の男性。職業訓練修了資格を取得したが，義務教育終了試験には失敗した。彼は時々臨時アルバイトをしていた。工具を使う仕事が好きではなかった。映画やショー，音楽関係の仕事に就きたかったのだが，両親に反対された。端役をもらい映画に出ることや，流行の洋装店を開いたり，イビザ島のような地中海の島でディスクジョッキーとして成功することを思い描いていた。
　両親は労働者である。父親は工場で働き，母親は薬局に雇われていた。チィエリーと父親の関係はぎくしゃくしていた。というのも，息子の生活ぶり（ナイトクラブ，夜の生活，いかがわしい交友関係）を父親はどうにも受け入れることができなかったのである。母親はとても控えめな人で，母親の言うことはよく聞いた。彼には26歳になる兄がいて，電気会社の工場で働いている。
　子どもの頃は，兄と仲がよく，兄も彼にいろいろなことを教えてくれた。学校に連れて行ってくれたり，迎えに来てくれたり，宿題を手伝ってくれたり……兄の友だちと一緒に遊びに連れて行ってもらうこともしばしばあったのだが，1年前に兄が結婚してからは一緒にいることもなくなった。
　この時期に，チィエリーは犬を飼う。雄のロトワイラーで，彼はこの犬をすぐに吠えかかるように訓練し，犬と一緒にいればあまり孤独を感じず，む

しろ安心感や全能感が持てた。犬を連れているときには誰も彼に近づかなかった。チィエリーは，顔見知りは大勢いたが友だちはほとんどいない。よく知っている人としか話をせず，かなり内向的な性格である。年頃なので女の子との関係もいくつかあった。最近，若い娘と出会い，6カ月つきあい，この娘をとても気に入った。一緒に暮らそうと思ったとき，彼女は離れていった。チィエリーはこの頃から落ち込み，仕事を辞めてしまい，別な場所に住んでいる両親のもとに戻ったのである。

彼は外見（パーフェクトな服装を目指し，身分不相応な洋服の買い方）やスタイル（プロテインや栄養補助剤を使い筋肉増強を図る）にこだわるタイプである。近いうちに鼻の整形手術を受けようとしている。ナイトクラブに頻繁に通い，身体の線がくっきりと出て挑発的な服装を見せびらかすのがとても好きだった。ナイトクラブでの彼は「ゴーゴーダンサー」だった。ヌード写真のモデルをやったり，いかがわしい映画にも出演している。

彼は酒・タバコはやらない。しかしパーティーやセックスの前にコカインを使っていると告白した。

## 2．樹木画テスト
### 2.1. 感情領域

チィエリーは感受性の鋭い，未熟な人格で，情緒，感情のコントロールが苦手で，自分の感情や衝動をすぐに表に出してしまう（情緒的な負荷に対するコントロール不良）。自分に自信がないためとても抑制的であり，葛藤（彼は隠そうとしているが，特に性的な面での問題）の処理もうまくできない。また一方で，即座に反応する衝動的なタイプである。猛犬を飼うようになってから，うまく表に出さずにすんだと思われる神経過敏でおどおどする性格や攻撃性も指摘できるだろう。自己愛的な傷つき（恋愛の破綻）やそのために学校をやめてしまうという事態になったことに苦しんだ。チィエリーは抑うつ傾向が強く，内省的な人なのである。一旦落ち込むとそれまで考えていたことをあっという間に放棄してしまう。目の前にある困難に立ち向か

樹木画テストの読みかた

図7　チィエリー（20歳）の樹木画

い克服しようとすることは考えない人間である。見てくれにこだわることが，受け入れることのできないものを隠すための彼の防衛（彼自身が願う自分の姿を示す）である。

### 2.2. 知的領域

チィエリーは自分の持っている能力，たとえば内省力，知性，統合力をうまく使えていない人である。このことは普通教育ではなく，技術系の学校を選んだことでも説明できるかもしれない。義務教育修了試験に失敗したために知的能力に自信が持てなくなったのである。職業指導で何とか頭角を表したいと思っていたのだが，意志が弱く，秘密にしていること（とりわけ芸術的な世界に魅了されていたとしても，現実には彼には閉ざされた世界で近づき得るものではなかった）への興味のほうが強く，そのために不安が強く，気持ちも散漫となり，怠惰が彼を支配していった。

### 2.3. 社会的領域

チィエリーは他者との接触を求め，いかがわしい場所へも頻繁に足を運び，変身願望を強く持っていた。人との接触を求め，誰かが自分に関心を持ってくれることを望んだのである。接触できたとしても，彼の心に常に存在する葛藤・同一の心理的メカニズムのために，他者との接触を強く望む背後には，隠された攻撃性と他者を支配したいという欲求があった。そうしたわけで，他者との接触は豊かなものとはならなかった。チィエリーは警戒心が強く防衛的であったため，自分がよく知っている人としかつきあえなかった。コミュニケーションの欠如ゆえに彼は自閉的な傾向を強めていったのである。

### 2.4. 空間象徴

樹木画は用紙の左側，つまり過去の領域に位置し，このことは子どもや青年期を通してとりわけ兄との関係がノスタルジックな思い出として表現されている。

葛藤領域（左下の領域）は，チィエリーの人生で負い目として残っている3歳から8歳の子ども時代を通して経験した，困難な状況，外傷体験，傷つき，失敗を示している。

将来の計画，熱望，野心の領域である右上にあまり描かれていないのは，彼自身が過去（兄と過ごした子ども時代の思い出）や刹那的な現在（パーティーに行ったり，やたらと接触を求める）にのみ生きていることを意味する。もちろん未来にも目を向けているかもしれない。だが，彼の将来に関する計画には，強い意志が感じられないし，具体的でもない。

### 2.5. 描画後の質問について

ドングリの木は全能感，肉体的そして精神的な力，逞しさを象徴している。このドングリの木はチィエリーのあるべき理想の姿（彼の樹木画はまだ15歳だったのである）である。筋肉を鍛え身体的に成長したものの，それは精神的な弱さの代償行為であった。彼にとって重要なことと言えば，見映えのよさ，身体的な外見，つきあいを続けられることでしかなかった。

樹木画で死んでいるあるいは傷ついている部分は，子どもの頃の辛い出来事（失敗，過去の自己愛的な傷つき）に関係するのだが，その内容について彼は決して語ろうとしなかった。

樹木画は過去の木（兄と一緒に過ごした幸せな過去）であり，その過去にはけっして消えることのない，そして子ども時代のノスタルジー（おそらく，この木はあまりにも早く成長してしまった）が刻まれていた。

木は普通に成長したと語るのだが，それはいわば木の見かけ（物質的な意味）としてであって，過去の体験，出来事，困難を乗り越えてきたというような心理学的発達の意味ではない。チィエリーは周囲に関心を持ってもらいたい（保護の欲求），愛して欲しい（愛情欲求），支えて欲しい（支持の欲求）と強く願っているのである。

## 3．参考資料

### 3.1. 樹木画のサイン

根：単線で，幹や樹冠に比してきわめて小さい。

地面：単線。

根もと：根もとから根が噴出している。根もとの構造自体が根のようでも

あり，草むらに覆われているようでもある。左側に広がっている。

**幹**：二本線，幹から二本線の枝が出ている，樹冠とは半ば開いた，半ば閉じた関係で繋がっている。

**幹の表面，樹皮**：ウロコを思わせるゴツゴツした模様が表面で交叉している，幹と樹冠内部にはミミズが這ったような描線，根もとに近い部分にウロ，傷跡で，黒く擦り傷や縞模様で描かれている。

**幹の輪郭**：左右に不規則で歪んだ描線。

**枝**：盛り上がり，切れていて，用紙上方で枝同士がぶつかり合ってボリューム感を出している。

**樹冠**：アーケード型の描線が樹冠内部に見られ，閉じられている。

**樹冠の大きさ**：大きさは3〜4，上部が平坦。高さは2あるいは3。幅は2。

**樹冠の動き**：樹冠は左に傾いている。

**樹冠内部**：透かし彫りのようで内部が空っぽ，細かな部分はモノトーン，細かな点線で常同的に描かれている。枝と樹幹内部は何度も書き加えたりしているがうまくいかない。

**木の位置**：左中央に位置する。

**木の高さ**：高さ3。

### 3.2. ヴィトゲンシュタイン指標の計算

チィエリーの年齢：20歳

木の高さ：195mm

1番目のウロ：下端は29mm；上端は44mm

$20 \times 29 \div 195 = 3$ 歳；$20 \times 44 \div 195 = 4$ 歳5カ月

2番目のウロ：下端は42mm；上端は60mm

$20 \times 42 \div 195 = 4$ 歳3カ月；$20 \times 60 \div 195 = 6$ 歳2カ月

3番目のウロ：下端は66mm；上端は74mm

20×66÷195＝6歳8カ月；20×74÷195＝7歳6カ月

3つのウロで示された時期が子どもの頃に起こった出来事の時期に符合し，その出来事が心の傷になっていることをチィエリーは知っているにもかかわらず，決して話したがらない。

### 3.3. 描画後の質問票

1．この木はどんな木？

　　——ドングリの木。

2．この木は何歳ですか？

　　——15歳。

3．この木は，何かに，あるいは誰かに似ていますか？　この木のどこからそのような印象を持ちましたか？

　　——この木は強いしっかりした人に似ている。それは幹の大きさ，根，樹冠に葉がいっぱいだから。

4．この木は生きていますか？　もし，生きているのなら，どこか死んでいる部分はありますか？　あるとすれば，それはどの部分ですか？　何があなたにそう思わせたのでしょう？

　　——この木は生きてるけど，死んでいる部分（穴があるところ）もある。

5．この木は行動的ですか，あるいは受動的ですか？　この絵の中で，そう思わせるのはどんなところですか？

　　——行動的だよ。だって花が咲いているから。

6．この木は，過去の木ですか，それとも未来の木ですか？　この絵のどんなところからそう思いましたか？

　　——過去の木だよ。生きてきたんだから。でも現在の木でもあるんだ。生きているように見えるだろう。

7．この木はまだ成長しつづける木ですか，それとも成長は止まって大人になった木ですか？　この絵のどんなところからそう思いましたか？

　　——もう十分に成長した木だけど，決して年老いているわけではない。

枝や木の芽や葉っぱがいっぱいついているからね。
8. この木は何かが欲しいと要求していますか？ この絵のどんなところからそう思いましたか？
　——愛と保護と仲間と緑の何か，それに他の木もそばにあるといい。たった1本でいるのだから。
9. この木を見て，以前どこかで見たような，あるいは懐かしさを感じますか？ あるとすれば，どのようなところからそう思いますか？ ないとすれば，なぜ？
　——うん。懐かしい木。大きく育ったけど，幹の傷跡からこれまで大変だったことがわかる。小さい傷跡がいっぱいあるんだ。
10. この木は普通に成長してきましたか，あるいは成長するのが大変でしたか？ この絵のどんなところからそう思いましたか？
　——成長は普通だったと思う。うんと大きくなったんだから。

*

　この章で提示した5つの臨床例から，樹木画テストを介して日常生活の心理学にアプローチできることがわかってもらえたと思う。それぞれの生活史・現病歴を読めば，それが臨床の面接を通して集められた情報であることが理解されよう。
　症例を読者に提示したのは，具体的に以下の事柄について理解してもらうことが目的であった。

- 樹木画のサインに注目し，被検者が表現した心理学的意味を理解する。
- 生活史・現病歴を説明するために，樹木画テストの心理学的意味，空間象徴，描画後の質問を使って描画サインの分析と解釈。
- 被検者の性格を情緒・感情領域，知的領域，社会的領域と関連づけながら考察した所見を作成する。

# 結　論

　この本の中で，私は心理学的次元での特別な意味を木に与えようとしたのである。木を使う面白さは何と言ってもその単純さにある。木の特殊性や汲めども尽きぬ面白さを知らなかったら，心理学に興味を持つこともなかっただろう。木に人生の淡い一瞬が刻まれる。

　世界に向き合う努力の中で，木と人間はきわめて緊密な関係を創り上げてきたので，互いが一体化しようとしているかのようである。互いに気持ちが通じ合い，人間は身体を通して感じた自分の人生を，木の生長を通して描画し，そこにさまざまな夢や幻想が表現される（デュマ，2002）。木は人間の人生に深く根を下ろし，人間の過去を表現するだけでなく，つい最近起こった人生の失敗を刻んだ傷跡である現在も表現する。木には人生の出来事や経験が刻まれ，主観的あるいは客観的な記憶が構成されている。成長に影響を与えた状況が好ましいものであれ，不快なものであれ，それが歴史とともに木に反映される。木に言葉が貯蔵されていて，その言葉はデッサンや人間の身体に類似した形態のアプローチを通して立ち現れる。たとえば，「葉は肺である」，「私の描いた木は，健康を呼吸している」というように。

　心理学的には，木を人間の自画像と捉え，4つの方向，つまり生長，稔り，両義性，時間との関係で検討される。木の生長はさまざまな次元（下から上へ）で表現される。木は生長するだけではない。生長に伴うさまざまな要因（風土，養分，周囲の状況）も含むのである。人間の成長にも教育や試練が必要不可欠である。それには成熟と挫折も付きまとう。人間と同じように木の稔りは，果実，収穫や豊穣の時という言いかたで表現される。「私の木には実がない，というのは今まで子どもを産まなかったと同じ意味である」。

両義性は感情，思考，疑問，気分に見られ，木でも人でもさまざまに表現される。「この木は風雪に耐えてきた。まるで私が生活や試練や戦いに耐えてきたように」。さらに時間に関する関係性は樹齢の長さと人生の短さとを対比して表現される。「私のドングリの木はすでに若くはないのだが，老いてもなおしっかりしている」。

　恋愛も然りである。人間を木と同一化することが常にうまくいくとは限らないように，木と植物の神秘を超越した人間といえども人生の疑問に満ちた迷路に絶対に迷わないとは言えない。

　樹木画テストは簡単にできるテストであり，子どもに有用であると同時に，大人でも感情や情緒の発達の指標となり心理的な問題や性格の検査に役立つことを，私はこの本の中で示したかったのである。さらに心理療法の経過を検証するのにも役立つと思う。

　人間の性格に興味を持っている人なら誰にでも，このテストが，人間に寄り添い，人間を理解するための新しい方法だということをわかってもらえるだろう。

# 引用文献

Abad-Alegria, F.: The tree test as a measure of intellectual and emotional maturation. *Revista de Psiquiatria y Psicologia Medica*, 12(6): 375-383, 1976.

Abad-Alegria, F. & Duaso Cruchaga, M.: Deteccion de factores de personalidad en el test del arbol. *Revista de Psiquiatria y Psicologia Medica*, 14(7): 163-176, 1980.

Abad-Alegria, F.: *Empleo Pràctic del Test del Arbol en ninos y adolescentes. Un renovado método diagnóstico.* Zaragoza, secretariado de Publicaiones de la Universidad de Zaragoza, 1985.

Anastasi, A. & Foley, J.: An analysis of spontaneous artistic productions by the anormal. *J. Gen. Psychol.*, 28: 297-313, 1943.

Bieber, I. & Herkimer, J.: Art in psychotherapy. *Amer. J. Psychiat.*, 104: 627-631, 1948.

Bour, P.: Utilisation nouvelle du test de l'arbre dans un service d'adultes. *Annales Médico-psychologiques*, 23: 529-534, 1961.

Buck, J.: The HTP test. *J. Clin. Psychol.*, 2(4): 151-159, 1948.

Buck, J.: The HTP test. A qualitative and quantitative scoring manual. *J. Clin. Psychol.*, Monogr., Suppl., 5: 1-118, 1948.

Cid Rodríguez, J. M.: *El test del árbol: Evaluación psicológica.* Albolote (Granada), Gráficas Lino S.L., 1998.

Chevalier, J. & Gheerbrant, A.: *Dictionnaire des symboles.* Paris, Éditions Laffont, 1982.

Chirol, C.: Etude de l'arbre de rêve sur une population d'adolescents délinquants. V$^e$ *congrès international du Rorshach et des méthodes projectives*, Tome III, 1965, pp.453-456.

Comunale, M. & Losavio, F.: Il test dell'albero de Koch nella diagnosi di 《psicosindrome organica》. *Medicina Psicosom.*, 6, p.121, 1961.

Corboz, R. Gygax, S. & Helfenstein, S.: Le dessin des trois arbres. *A crianca portuguesa*, ano XXI, pp.349-364, 1962.

Cuerq, A. M.: *Intérêt du test de l'arbre. Lyon,* thèse de médecine, 1974.

De Castilla, D.: *Le test de l'arbre. Reltations humaines et ploblémes actuels.* Paris, Masson, 1994.

De Castro Carneiro, F.: O Desenho da Arvore e o Indice de Wittgenstein. *Analise Psicologica,* 12(4): 539-545, 1994.

Di Naro, C. & Escalar, G.: Il test dell'albero nella practica psichiatrica. *Rass. Di Neuro,* 15, p.258, 1961.

Dourado, L. A.: O test da árvore e a criminalidade. In *Ensaio de Psicologigia criminal.* Rio de Janeiro, Zahar editores, p.140, 1969.

Dumas, R.: *Traité de l'arbre: Essai d'une philosophie occidentale.* Paris, Actes sud, 2002.

Faber, S.: *Mon livre des couleurs.* Paris, éditons Guy Trédaniel, 2000.

Fernandez, L.: *Addiction tabagique et disposition narcissique chez des fumeurs consultant pour sevrage tabagique.* Thèse de doctorat de psychopathologie nouveau régime. Université Toulouse Le Mirail, UFR de Psychologie, 3 octobre 1997.

Gomez Del Cerro, J.: El test del arbol en clinica psiquiatrica. *Acta Medic Hispanica,* 8: 53-58, 1950.

Gonzalez Matilla, P. & Abad Algria, F.: Aspectos cuantitativos de la utilization del color en el test del arbol en oligofrenicos y caracteriopatas, 13(8): 539-544, 1978.

Hammer, E. F.: *Tests proyectivos gráficos.* Barcelona, ediciones Paidós Ibérica, 1997.

Hegar, W.: Graphologie par le trait. Introduction à l'analyse des éléments de l'écriture. Paris, Vigot, 1962.

Jacquin-Porretaz, M.: *Le test de l'arbre.* strasbourg, thèse de médecine, 1966.

Koch, K.: *Le test de l'arbre: Le diagnostic psychologique par le dessin de l'arbre.* Bruxelles, Editest, 1949.

Koch, K.: *The tree test, the tree drawing test as an aid in psychodiagnosis.* New York, Grune & Stratton, 1952.

Koch, K.: *El test del Arbol.* Buenos Aires, Editor Kapelusz, 1958.

Koch, C.: *Le test de l'arbre.* Lyon, Vitte, 1958.

Lefebvre, F., Van Den Broek D'obrenan, C.: *Le trait en graphologie: Indice constitutionnel.* Paris, Masson, 1991.

Lief, J., Delay, J., Guillarme, J.: *Psychologie et éducation, notion de psychométrie.* Paris, Nathan, tome III, 1968.

Luscher, M.: *Test de los colores: Test de Lüscher.* Barcelona, ediciones Paidós Ibérica, 1997.

Marzi, F., Biagotti, F.: Il test dell'albero nelle malattie mentali. Rass. *Di Neuro,* 7: 323, 1953.

Mathieu, M.: *Le test de l'arbre en psychopathologie.* Lyon: Bosc. 1961.

Mora, J.: *Vivre avec les couleurs.* Romont, editions Recto-Verseau, 1993.

Motta, E.: *Il test dell'albero applicado ai minori irregolari della condotta.* Inf. Anorm., 34: 629, 1959.

Muschoot, F., Demeyer, W.: *Le test du dessin d'un arbre.* Bruxelles, Editest, 1974.

Napoli, P.: Finger painting and personality diagnosis. *Genet. Psychol. Monograph,* 34: 129-231, 1946.

Palem, R.M., Degrais, D.P.: Métaphore de l'arbre et arbre du mythe dans le test de Koch: à propos du sante pleureur. *Bulletin de la Société Française du Rorschach,* 25: 29, 1970.

Passi-Tognazzo, D.: *Metodi e tecniche nella diagnosi della personalità.* Firenze, Giunti Barber, 1978.

Precker, J.: Painting and drawing in personality assessment: Summary. *J. Proj. Tech.,* 14: 262-286, 1950.

Rubino, A., Barbiero, M.C.: Il Baumtest de Koch, applicazione in campo psichiatrico. *Acta neurologica,* 7, 34, 1952.

Stora, R.: Influence du milieu sur les individus décelés par le test d'arbre. *Enfance,* 5: 357-372, 1952.

Stora, R.: Étude de personnalité et de psychologie différentielle à l'aide du test d'arbre. *Enfance,* 8: 485-508, 1955.

Stora, R.: Le test du dessin de l'arbre, principales méthodes. *Bulletin de Psychologie,* 17 (2-7/225): 253-264, 1963.

Stora, R.: La personnalité à travers le test de l'arbre. *Bulletin de psychologie,* 17 (1/224; 2/224): 1-181, 1964.

Stora, R.: *Le test du dessin d'arbre.* Paris, Delarge, 1975.

Stora, R.: *Le test de l'arbre.* Paris, PUF, 1978.

Vavassori, D.: *Étude psychopathologique des comportements de consommation (usage, abus, dépendance) de substances psychoactives: construction d'un modèle multidimensionnel de la dépendace psychopathologique.* Thèse de Doctorat. Université

Toulouse le Mirail, UFR de Psychologie, 2002.
Xandro, X.: *Manual de Test Gráficos.* Madrid, Editorial EOS, 1987.

解 題

# 樹木画テスト（あるいはバウムテスト）の研究史

阿部 惠一郎

## はじめに

　本書『絵による性格理解と解釈』を訳してみて感じることは，樹木画の読みかたがコンパクトにまとめられていること，そして日本で樹木画テスト（あるいはバウムテスト）に関しておこなわれているさまざまな議論などまったく関係ないと言わんばかりの書きかたに驚くのである。筆者が樹木画テストの勉強を始めた当時は，まだ翻訳がなかったボーランダーの著書（Karen Bolander：Assessing Personality Through Tree Drawings. 1977〔高橋依子訳〕樹木画によるパーソナリティの理解．ナカニシヤ出版，1999）のコピーを友人からもらい，これを辞書がわりにしながら樹木画（バウムテスト）を読んでいた。その後，コッホの翻訳書（バウムテスト——樹木画による人格診断法，日本文化科学社，1970：日本語訳は1952年に出版された英語版から翻訳）を読むと混乱するばかりであった。混乱の原因はコッホの「表」に示されている意味が多義的でわかりにくいことにあり，どのように解釈してよいか迷うばかりであった。しばらく経ってから，カスティーラの

著書を翻訳する機会があり，あまりの明快さに驚き，さらにほぼ同じ時期にアヴェ‐ラルマンやレボヴィッツの著書が翻訳され，木の描画に関する読みかたにさまざまの理論があり，解釈のしかたがあることを知ったのである。ところが日本においては相変わらずコッホに忠実でなければならないという意見も多く，解釈法が確立されていない観があり，心理テストというよりもむしろ描画療法的な使いかたをする人も多いように感じた。ボーランダーとコッホでなぜこんなにも読みかたが違うのだろうと訝しく思い，さらに筆者が翻訳したカスティーラの心理学的サインは，描画を読むうえでどのように考えればよいかなど疑問が次々と湧いてきた。そのうえ，バウムテストなのか樹木画テストなのかといったこの描画検査法の名称の違いも気になるところである。

　日本では樹木画テストは，バウムテストと呼ばれてきたのだが，海外の文献を見ると日本語ならば樹木画テストと訳されるほうがよいようである。諸外国の表現を見ると，英語圏ではTree Drawing，あるいDrawing of Tree，フランス語圏ではTest d'Arbre，ドイツ語圏ではBaumtest，スペイン語圏ではtest del arbol，のように，直訳すれば「木のテスト」という表現になっている。日本ではバウムテストという名称が定着しているが，バウムテストという場合には，コッホの考えかたや解釈法によるものということになるのだろう。バウムテストに関する日本での長年の研究があり，しかもそれはコッホに基づく方法と結びついた用語なので，小論では樹木画テストと呼ぶことにした。バウムテストから樹木画テストへ，つまり心理テストと呼ぶにふさわしい解釈のしかたが求められる。そのためには解釈に一定の恒常性がなくてはならない。と思うのだが，それは可能なのだろうか。フェルナンデスはこの本で「心理学的サイン」と表現しているものを列挙し，事例研究ではそれに基づいて解釈を加えている。だが，この「心理学的サイン」の信頼性や妥当性は確かなものなのだろうかという疑念が起こるかもしれない。そして，彼女が示した解釈法をそのまま受け入れてよいのか，研究史から検討する必要があるように思う。

解題：樹木画テスト（あるいはバウムテスト）の研究史

　フェルナンデスは本書の中でこのテストの研究史を簡潔に紹介している。ヨーロッパでの研究は1930年代から始まっていると書いているが，日本ではこれまでコッホの著書が出版された1949年を出発点にし，またこの本の中で述べられているエミール・ユッカーの1928年とする場合もあるが，残念ながらエミール・ユッカーは何も書き残していない。ここでは海外の文献から樹木画テストのこれまでの研究の流れを概観し，心理テストとして用いることができる解釈法とはどのようなものかを考えたい。さらに日本での研究については，これまでに多くの論文があり，これも参照することで，日本でのこれまでの研究がどのようなものであったか理解できるように思われる。

　海外の文献を検討するにあたって，まず筆者の語学力が問題となる。英語とフランス語と日本語しか読めないので，文献もこの3つの言語からの情報が多くなる。樹木画テストに関する文献でこれ以外のドイツ語やスペイン語などに優れた文献があるが，これらについてはフランス語訳，あるいは英語訳から読みとったものになってしまった。さらにフランス語やドイツ語の文献は日本ではなかなか入手が難しいので，論文が入手できなかったものも少なくない。そうしたものについては，論文の内容が書かれてある他の論文から引用せざるを得ない場合もあったことを断っておく。

## I　コッホ以前

　子どもの描画を心理学的に研究するようになったのは19世紀末からと思われる。1893年に発表されたバーンズの論文[3]は，6歳から16歳までの子ども6,393名を対象として，ある一編の詩に絵を描かせている。収集した膨大な描画から，子どもの描画について，いくつかの重要な指摘をしている。子どもにとって，描画は言語であり表現するための手段であり，描画の中で象徴や月並みな形態が多く用いられると報告されている。20世紀に入ると，

117

1903年にビネーが『知能の実験的研究』を発表，1913年にリュケが学位論文「ある子どもの描画」を発表した後，1927年には『子どもの描画』[25]のタイトルで単行本を刊行し，子どもの描画について「写実性」の視点から発達段階論を展開し描画表現の発達区分を定式化した。その前年の1926年に出版されたグッドイナフの著書のタイトルは『描画の知能検査』[11]であった。これらの著作は当時，子どもの知能と発達過程を描画と関連させた研究に興味や関心が向けられていたことを示すものである。

　1930年頃にコッホのバウムテストの理論的基礎のひとつとなる筆跡学に関して，2つの著書がドイツとフランスで刊行されている。1931年に，後にコッホが援用することになる空間象徴理論のマックス・パルバーの著作が出版された。原本は入手していないが，この本のフランス語訳を読むと，1つの文字の上部が知的領域，中央部が感情領域，下部が無意識・本能の領域に分類されている。マックス・パルヴァーの「空間象徴理論」では，意識，無意識という言葉が用いられているのだが，これは精神分析の影響を受けていると思われる。その著書『筆跡の象徴』(1931)[27]には次のような記載が見られる。要約すると以下のような内容である。

　「フランス学派は筆跡学を人間観察と理解のために役立つと考えていた。その意味でドイツの筆跡学はフランスのそれに比べて遅れていた。しかしフランスの筆跡学者たちは心理学をあまり評価していなかったのである。ドイツ学派は当時隆盛を極めたヴント心理学や現象学的心理学と結びついていく。この頃の筆跡学における重要な研究としては，アルブレヒト・エルレンマイヤー医師の『筆跡学』(1879)，生理学教授ウィルヘルム・プレイヤー『筆跡学の心理学への貢献』(1895)，さらにゲオルゲ・マイヤー博士による『筆跡学の科学的基礎』(1901)があるが，どれも当時の心理学的経験主義の色彩が強い。クラーゲスの『筆跡と性格』が出版されたのは1917年である。クラーゲスは1900年頃のドイツの学問状況に縛られていて，彼の方法はデュルタイの影響を受け，ジンメルの性格学的概念に近い。ここに紹介した人々には2つの特徴が見られる。ひとつは，現象学的視点を知らず，経験主義と心理学的現実主義がごっちゃになっていること。もうひとつは，精神分析（フロイト）やその分派（アドラー，ユ

ング，シュテーケル）の考えかたを思弁的であるとして受け入れなかったことである。」(12-14頁，筆者訳)

ところでコッホやユッカーが学んだ筆跡学はどのようなものであったのだろう。コッホは著作[5]の序文で，チューリッヒで職業カウンセラーをしていたエミール・ユッカー（Emile Jucker）の言葉を引用している。ユッカーは1928年頃からこのテストを使ってきたが，「木を描かせる」方法は，彼の経験と文化とりわけ神話の研究に基づくもので，膨大な経験的な観察を行い，直観的に相談者の問題を指摘したり，性格を見抜いたという。さらにコッホ自身，「この方法の考察は表現の形式についての科学的研究，さらには筆跡学の基礎の上に立ってはじめて可能になった」と述べている。ユッカーやコッホが考えていた筆跡学はクラーゲスのそれに近いのかもしれない。テスト的方法によって筆跡を鑑別するのではなく，直観的に無媒介的に理解しようとしたのだろう。コッホがユッカーに学んでいた1928年頃から3年経た1931年に精神分析的な考えを取り入れ，空間象徴理論を展開したマックス・パルヴァーの著作が出版された。これをフランス学派と比べてみると，同じ筆跡学と言いながら少し違う印象を受ける。

マックス・パルヴァーと同じ時期に，フランスでその後の筆跡学の基礎をつくったのがクレピュー‐ジャマンである。1930年に出版された『筆跡学入門』[9]の序文には次のように書かれている。

「筆跡学は筆跡による性格研究である。この学問は1622年にイタリア人Camillo Baldiが書き留めた小冊子に始まり，その後ゆっくりと発展していった。1871年，ミション神父の名前で最初の論文が発表された。彼はパリのノートルダム寺院で説教をおこなっている。」(序文より，筆者訳)

当然のことながら，このクレピュー‐ジャマンの著作には「空間象徴」に関する記載がない。現在筆者の手元にあるフランスで出版された『筆跡学マニュアル』[29]には「筆跡に関する空間象徴」の記載があり，「空間象徴は描

画や筆跡の解釈について用いられてきており，その妥当性に関して何人かの研究者たちが検証している。とりわけ描画については樹木画を用いたルネ・ストラの研究が有名であり」さらに「スイスの筆跡学者マックス・パルヴァーは，この空間象徴に関して精神分析的な考えを取り入れて独自の筆跡学を構築したのだが，やや思弁的なところもある」と書かれてある。

現代から見れば，マックス・パルヴァーとクレピュー - ジャマンは，ドイツとフランスそれぞれの筆跡学を確立させた人なのだと思う。この2つの学派では分析のしかたが違うような気がすると言ったが，筆跡学にそれほど詳しくない筆者がなぜそのように感じるかと言えば，おそらく最近翻訳が出版された二人の筆跡学者のことが気になっているからである。それはアヴェ - ラルマンとカスティーラである。二人とも樹木画テスト（バウムテスト）に関する著作もあるのだが，たとえば描線の分析についてアヴェ - ラルマンは描線の構成要素を分析しているのに対して，カスティーラは描線をサインと見なし，それぞれの特徴ある描線に性格用語を当てはめている。さらに描画の所見を述べる際にもアヴェ - ラルマンは，象徴と直観に基づく仮説を提示し，その後で述べる所見は直観的で名人芸を思わせる。ところがカスティーラは心理学的サインを拾い集め，所見を組み立てていく。この二人の「樹木画テスト」については後述する。

1930年前後に筆跡学に関する重要な著作が出版され，さらにコッホの記述もあり，重要と思われたので，この当時の筆跡学の状況について述べてみた。1930年代に戻ってみよう。木を描画のテーマにした2つの論文が1934年に発表されている。その1つがハーロックとトムソンの「子どもの描画：知覚の実験的研究」[14]である。8つのテーマ（男の子，女の子，家，犬，花，自動車，小舟，木）を描かせる方法をとり，4歳から8歳までの子どもを対象にして，合計2,292枚の絵を分析している。年齢と知能指数から4つの群に分類し，それぞれの群で描画中に出現するものの割合を検討している。木をテーマとした描画では枝，葉，果実，地面のラインなどの出現頻度を調べている。描画表現と年齢や知能から分析した発達的視点に基づく研究であ

った。2つめのシュリーベの論文[30]では，樹木画における情緒的表現に関する研究がおこなわれ，著者は性格診断のための方法を模索している。4歳から18歳までの子ども478人に，まず「木を描く」ように言い，その後で「死んだ木，凍っている木，幸福な木，おびえている木，悲しい木，死につつある木」の6種類の木を描くように指示し4,519枚の絵から分析をおこない，その結果，まず一般的な「木」について，木の大きさ，木の方向性，樹冠とその内部について，樹冠の形，樹冠内部の枝など，枝がまっすぐか曲がっているか，筆圧，描線のリズム，表現方法など24項目について検討を加えた。さらに，テーマを与えた6種類の木からは，たとえば「幸福の木」は一般に大きく描かれ，「死んだ木」は小さく描かれ，「凍えた木」では10歳から18歳では枝が狭く縮んで描くものが多く，また4歳から9歳では枝が直線であるのに対して，9歳から18歳では枝も曲がって描かれていることに着目して，9歳以降になると描画の形態が情緒的になっていくと指摘している。描画時に情緒が影響を与えるという視点から「おびえている木」では混乱した描線が出現する傾向が見られたことも報告し，シュリーベは子どもの情緒的表現の発達を3つの段階に分けている（運動象徴段階〔4〜7歳〕，具体的表現段階〔7〜10歳〕，純粋表現段階〔10歳以降〕）。この論文では，描画から知能の発達を読みとるだけでなく，情緒の描画への影響やさらには性格検査としての方向性が示されていると思われる。

『描画の知能検査』を書いたグッドイナフの弟子であったバックがH.T.P.[6]を発表したのは，1948年である。被検者は白人140名で，年齢は13歳〜48歳。知能検査（スタンフォードービネー，およびウェクスラーーベルビュー）を用いて，被検者の統制をおこなっている。家と木と人物の3種類の絵を順次自由に描かせ，さらにそれらの絵に関する質問をおこない，絵の量的評価，質的評価およびあらかじめ設定した質問に対する反応からパーソナリティを分析している。質的評価については心理士と精神科医が検討し，ロールシャッハ・テストも実施して妥当性を検証している。質問は64項目から構成されていて，そのうち木に関するものは25項目あり，「この木はどんな

種類の木ですか」「この木は何歳ですか」といった描かれた木の「現実性」を尋ねるもの,「この木は誰かに似ていますか」という木に対する印象を尋ねるもの,さらに木がダメージを受けていないかを知るために「この木は生きていますか」「この木で死んでいる部分はないですか」といった質問が用意されている。バックは3つの指針を述べている。それは,①被検者の情報なしに解釈すべきでない。②全体と関連させながら,部分を検討しなければならない。③被検者の生活史など情報を集めて心理学的結論を導き出すことである。H.T.P.テストの妥当性検証にロールシャッハ・テストが用いられているが,スイスの精神科医ロールシャッハがこの検査法を発表したのは1920年であった。H.T.P.テストが創案された時代状況を考えると,ビネーの知能検査,リュッケの子どもの描画に関する考察,ロールシャッハ・テストの登場,グッドイナフの人物画による知能検査,さらに知能だけでなく,1930年代の性格検査に関わる研究を経て,バックのH.T.P.テストの登場となる。このテストは言うまでもなく「人」「木」「家」を順次描いてもらう方法だが,「木」を描くという点で樹木画テストの部分があり,この後さまざまな研究が発表されていく。そしてそれは樹木画テスト(バウムテスト)についても多くの議論を引き起こすことになる。描画後の質問,教示の違い,それに解釈する前に情報を集めブラインド分析(目隠し分析)を戒めている点などがアヴェ‐ラルマンやボーランダーのバウムテストと著しく異なる。フェルナンデスが質問を組み込んだ形での樹木画テストの所見を書いているのは,バウムテストとH.T.P.テストの両方を取り入れていることがわかる。そうしたことはひとまず置いておき,コッホのバウムテストについてみていくことにする。

## II　コッホのバウムテスト

　バックのH.T.P.テストが発表された翌年の1949年に,コッホは彼の著作

解題：樹木画テスト（あるいはバウムテスト）の研究史

『バウムテスト』[16]を出版しているが，すでに前年の1948年に，ある学会でコッホはバウムテストに関する発表をおこない，これをストラが「コッホのテスト」[32]としてフランスに紹介している。原文が入手できていないためどのような内容なのかは残念ながらわからない。コッホの原著は初版（1949）は88頁，英語版（1952）87頁，第2版（1954）239頁，第3版（1957）258頁[21]，第4版以降は第3版の重版で現在まで版を重ねている。初版と英語版について，ボーランダー[5]は次のように書いている。

「コッホの『バウムテスト』の第1版は，88頁の薄い書物として，1949年にスイスで発行された。この本は1952年に第2版[17]として英訳され，同じくスイスで発行されたが，不幸にして，明らかにこの言語（the language）に慣れていない（not native）誰かが翻訳したのである。コッホの著作に気がついたアメリカの心理学者たちが，コッホの業績に馴染めなかったことの第一の理由はこの翻訳のためである。1957年に改訂された第3版は258頁の分量になり，1967年までに5刷となっている。しかしこの版（筆者注：第3版）は実際のところアメリカでは使われていない」（32頁，筆者訳）。

ボーランダーがこのように批判した第2版の英語版を元に日本のバウムテスト研究が始まったばかりでなく，その後今日までの長い期間バウムテスト研究の拠り所となったのである。ボーランダーはさらに続けて，英語で翻訳されたのはこの版だけだと言い，第3版（改訂版）は多くの点でかなり改善されているという。しかし英語で訳されているのは英語版のみなので，これをもとに批判を加えている。「第1版（筆者注：おそらく英語版をさす）の資料の提示が，読者を混乱させることになったのには，多くの理由がある」（32～33頁，筆者訳）と前置きして，まず読者が筆跡学の文献や専門用語に慣れているとコッホが思っていたためとしている。ボーランダーは続けて，コッホの「表（Tables for the Tree Test）」が包括的で矛盾していると批判し，次いでコッホの「精神遅滞のサイン」と「退行のサイン」を批判する。そしてボーランダーは，第3版を読んでコッホの「表」を詳しく調べた結果，

123

筆跡学の理論に基づくコッホの注釈（commentaries）は比較的妥当であり，コッホの発達理論に基づくものは意見を異にすると述べている。

コッホの改訂版（第3版）は大幅に改訂され，しかも分量が3倍になっている。第2版（1954年）より20頁程度多くなっているが，第3版の統計資料は第2版と同じものである。

統計資料は以下のようであったらしい（ボーランダーの前掲書による）。

1．チューリッヒの学童（いくつかの学区から社会経済的に同じ水準の被検者を集めた）
　A．255人の幼稚園児から1枚ずつの絵
　B．小学1～8年と中学1～3年の592人の少年から2枚ずつの絵
　C．小学1～8年と中学1～3年の601人の少女から2枚ずつの絵
2．精神遅滞者
　A．7～17歳の411人の精神遅滞児からの822枚の絵
　B．施設収容中のさまざまな年齢の29人の重度精神遅滞者の56枚の絵
3．ローデシアから来た14～18歳の22人の黒人が描いた絵
4．非熟練労働者：3つの異なる年齢集団の600枚の絵
5．販売員として店で働いている16～35歳の男女22人が描いた絵

合計すると対象とした描画は4,163枚に上る。

空間象徴に関しても英語版と第3版には大きな違いがある。初版や英語版で空間象徴と言えばマックス・パルヴァーであったが，これだけでは不十分と感じたコッホは，15歳の少年の描画を分析する際にグリュンワルドの空間象徴を用いて解釈した。これ以後，コッホの空間象徴はパルヴァーの筆跡学的空間象徴とグリュンワルドの空間的象徴を組み合わせたものとなる。

コッホの「表」は，日本語訳を見てわかるようになかなか難解なものである。ボーランダーは，「ストロークの交差（交差した枝）。図59」（stroke crossings (branch crossing). Fig. 59：コッホの日本語訳では89頁）を例に挙げて，「同じサインが，ある被検者と別な被検者で正反対に解釈されるのは受け入れ難い」と述べている。このことはフランスのストラも同様に指摘し，「落ちる実，落ちている実」（Fruits tobants ou tombes〔p.336〕：コッホの日本語訳では106頁）を例に挙げ，初学者はどのように判断したらよいか躊躇してしまうと書く。フランス語によるコッホの紹介や文献を見ると，1948年のストラによる紹介[32]，1949年の初版翻訳[19]，さらに1958年に翻訳されている。ストラは1958年に出版されたフランス語訳[20]について「400頁をこえる大著」と表現しているところを見ると，この翻訳はコッホの第2版か第3版をもとにしていると思われる。ボーランダーが批判した「精神遅滞のサイン」や「退行のサイン」について，ストラはコッホの第2版や第3版にある統計資料のうち「ローデシアから来た14～18歳の22人の黒人が描いた絵」を取り上げて激しいコッホ批判を展開する。ローデシアから来た黒人（筆者注：現在のジンバブエ）の絵が稚拙だとして知的遅れを指摘している。ボーランダーは「精神遅滞」や「退行」のサインの問題を述べるのに，コッホの発達統計のわかりにくさを指摘していて，このローデシアの黒人に関しては述べていない。さらにコッホの第3版（1957年）[21]について，「ざっと見たところ（turning now to a brief examination），258頁とかなりの分量になっている。概して，資料の提示のしかたは大幅に改善されているが，『表』に付けられた図と注釈は，まだまだ改善の余地が多い」（38頁，筆者訳）と指摘している。

　コッホに関するボーランダーの批判は，筆者がAssessing Personality Through Tree Drawings, 1977（〔高橋依子訳〕樹木画によるパーソナリティの理解．ナカニシヤ出版，1999）から引用したものである。この本の原著32頁「描画法の利点（on the advanges of drawing methods）」から54頁に引用されている文献や論旨の運び，さらにコッホを批判している内容そのものが，ストラの論文[14]の「歴史的考察（Historique）」（原著7～17頁）に酷似していることを言っておきたい。ストラはおそらくコッホのフランス語訳

[18) 19) 20)]を参考にしながら検討を加えたと思われる。

　コッホのバウムテストについて，日本語訳の内容について語る必要はないであろう。ただ，フェルナンデスの著書の参考文献を見ればわかるようにスペイン語訳[22)]も1958年にすでに出版されている。コッホの第3版がドイツ語圏以外では，フランス語圏とスペイン語圏では読めるようになっているが，英語圏，さらに日本語では読めない。英語圏の状況について，ボーランダーはアメリカでは「筆跡学の研究がはったり屋を連想させ，心理学の訓練を受けて，同時に筆跡の分析に熟練した人はきわめて少なく，パーソナリティ研究の方法としての筆跡学は，少なくともこの国（アメリカ）では発展しなかった」（原著27頁）と言い，アメリカでは臨床心理査定に関連した描画への関心が弱まっていく。ヨーロッパでは樹木画テストも他のテストも描画が心理査定やカウンセリング場面で広く用いられていると述べる。英語圏で樹木画テスト（あるいはバウムテスト）が発展しなかったのは，筆跡学が発達しなかったのとコッホの翻訳が誤訳の多い英語版で終わってしまったことによると考えているのかもしれない。現在英語圏で心理検査としてコッホのバウムテストがあまり使われないのはこうした事情によると思われる。

## III　ストラの樹木画

　コッホは1958年に52歳で逝去している。この年は，第3版出版の翌年であり，フランス語やスペイン語の翻訳が出版された年である。ドイツ語圏の情報はきわめて少なく，1976年に出版されたアヴェ‐ラルマンの翻訳[2)]しか筆者にはわからない。彼女の著作を読むと，初めに樹木画テストに関する基本的な仮説がきわめて要領よく書かれ，その基本から描画解釈がおこなわれているのだが，筆跡学者でもあり，鋭い直観で読むところもあり，到底真似できない。この本で注意を引くのは，いやむしろこの1冊の本が言いたかったのは樹冠と幹との接合部（日本語訳では「つけ根」という奇妙な言葉を

当てている）に関する仮説について論じられていると言ってよいだろう。

　ドイツからフランスに目を向けてみよう。言うまでもなく、ルネ・ストラである。コッホと同時期に樹木画テストの研究を始めた彼女は、コッホの「バウムテスト」についても、いち早く「コッホのテスト」としてフランスに紹介していることはすでに述べた。さらには、ボーランダーが投映法検査やコッホのバウムテストに関して述べる際に、その内容がストラの論文に酷似していることも指摘したが、ストラについても、ボーランダー[5]は書いている。

　「概して、描画分析に対するストラの態度は、バックよりもコッホに近い。と言うのも、彼女は樹木画のみを用い、おもに研究対象が児童だからである。しかしながら、ストラはコッホの描画に対する直観的で象徴的な扱いや、特殊サインとして列挙した解釈の多くが漠然としていて何もかも含めてしまっていると反対している。臨床心理学のトレーニングを受けたストラはきめ細かく整然としたバックの方法を好んでいる。彼女自身のアプローチがある意味で2つの方法（systems）の架け橋になっている。
　4歳から15歳までの健常な児童2,416人の描画を用いた実験から、ストラは成熟尺度を決定し、その中に90項目のサインが含まれている。さらに彼女は統計的方法で特性指標の研究をおこない、描画に見られるサインが情緒的状態と多くの場合に関係がある、たとえば恐れの感情などではどのようなサインが見られるかを定義した。彼女のもっとも重要な発見は特性分析の基礎となるサイン・クラスター（sign clusters）の概念を確立したことである。ストラの実施法はバックよりもコッホに近い。なぜなら、彼女は描画後の質問をプロトコールに含めていない。だが、コッホと異なり4枚の絵を描いてもらう方法をとっている」（49頁，筆者訳）

　ストラの仕事は、確かにコッホとバックを繋いだものと見えるかもしれない。ボーランダーがこのように書いたのは、おそらくストラの論文[33]を読んでのことと思われる。ストラはまず樹木画に関する詳しい研究史を書いているけれども、コッホよりもバックのH.T.P.テストとその後このテストを用いた多くの研究を紹介している。現在のわれわれから見ても心理学的アプロ

ーチという点ではバックの方法が馴染みやすい。だがもう少し詳しく彼女の研究を検討すると別な感慨を抱くのではないだろうか。

ストラが書いた情緒的成熟の尺度（Echelle de Maturite Affective）は、言ってみればリュケが子どもの描画について「写実性」の視点から発達段階論を展開し、描画表現の発達区分を定式化したのに似ていて、情緒的発達と樹木画のサインの出現時期を検討している。彼女の最大の業績は、ボーランダーも言っているように「特性分析の基礎となるサイン・クラスター（sign clusters）概念」言い換えれば「心理学的サイン」の確立である。4歳から15歳の児童を対象として情緒的成熟の発達を検討したが、児童だけでなく成人の場合ではどうなのだろうかとストラは考えた。さらに彼女が「サイン」を考えるきっかけとなったのは、この当時（1950年代）にいくつかの論文が発表されたことも影響している。ストラによれば、コッホの影響を強く受けたスペインのゴメス・デル・セロが、『臨床精神医学における樹木画テスト』（1950年)[7]の中で、分裂病質、てんかん、接枝分裂病、精神病質、神経症、躁状態、うつ状態について、樹木画テストが診断的価値があると述べ、またコッホの二人の弟子たちトゥナー[37]とシュテデリ[31]も、それぞれバウムテストに見られる自殺のサイン、神経症と精神病質の識別をおこない、「バウムテストのサイン」が精神障害の診断に役立つと考えていた。同じような試みをバックはH.T.P.テストを使っておこなっている。ストラが「心理学的サイン」を確立しようとした背景には、このような研究状況があったと思われる。彼女が樹木画のサインとその意味を研究するにあたって、2つの問題提起をしている。それは、①年齢や性別に関係なく、描画サインそれぞれに当てはまる心理学的意味というのはあるのだろうか。②それは児童についても同様なことが言えるのだろうか。この2つの問題から出発して、ストラの実験は始められている。彼女が用いた統計資料は以下のようになっている。

- 情緒的成熟の尺度で用いた4～15歳までの健常な児童　2,416人

解題：樹木画テスト（あるいはバウムテスト）の研究史

- 臨床場面で検査した問題を抱えた児童　196人
- 施設入所児童　131人
- 聾唖者　80人
- 発育不良者　25人
- 精神遅滞（I.Q.50～80）　25人
- 工学系の学生　50人
- 映画研究専門学校生　30人
- 15～60歳の男性　392人
- 15～60歳の女性　216人
- 合計　3,561人

　資料は3人の心理士で検討し，必要に応じてロールシャッハ・テスト，ソンディテストをおこない，データはカイ二乗検定されている。こうした手続きは，コッホには無縁でバックがH.T.P.テストでおこなった方法を思い出させる。ストラの研究は，実験と呼んだほうがよいかもしれない。彼女の実験は1954年頃に始まっているが，ここに紹介した内容は，1964年の論文から引用している。その後，1975年に『樹木画テスト』[34]が出版され，178の「心理学的サイン」が確定される。内容はつぎのようなものである。

Ⅰ．教示と異なる描画（1.～5.）
Ⅱ．地面（6.～9b.）
Ⅲ．根（10.～14.）
Ⅳ．樹冠および幹の左右差（15.～22.）
Ⅴ．十字形（23.～25.）
Ⅵ．用紙上の位置（26.～34d.）
Ⅶ．樹冠の形（35.～68.）
Ⅷ．陰影（69.～77b.）
Ⅸ．幹（78.～96b.）

Ⅹ．木の高さ（97.～100b.）
Ⅺ．樹冠の高さ（101.～112.）
Ⅻ．樹冠の広がり（113.～119.）
ⅩⅢ．用紙からのはみ出し（120.～124.）
ⅩⅣ．描線（125.～146.）
ⅩⅤ．追加項目（147.～149.）

この中から「用紙からのはみ出し（120.～124.）」に関するサインの例を訳出して挙げてみる。番号はストラが「心理学的サイン」として確定したもので，臨床は臨床経験からの知見によることを意味し，統計はすでに述べた3,561人の資料を統計的に解析した結果に基づく。なお，178の「心理学的サイン」には，簡単な図が示されている。

**120．樹冠が用紙の左側にはみ出している。**
臨床：身体面の自己認識。接触欲求。
統計：十分に甘えさせてくれず，神経質で，不安定で並はずれた思いこみで抑圧してきた母親に対するアンビヴァレントな愛着。母親に向けられた発作的な攻撃欲求。精神病質や独占欲が強い，あるいは攻撃的な母親像：母親からの拒絶。

**121．樹冠が用紙の右側にはみ出している。**
臨床：他者への関心。
統計：他者をコントロールしたい欲求。他者との接触におけるジレンマ：防衛的と攻撃的，あるいは穏和，熱情的，おどおどした態度。威圧的態度に関する問題；むき出しにするか隠すかという態度の問題。

**122．上方へのはみ出し。**
臨床：劣等感情を補償するためにビッグになりたいという欲望。

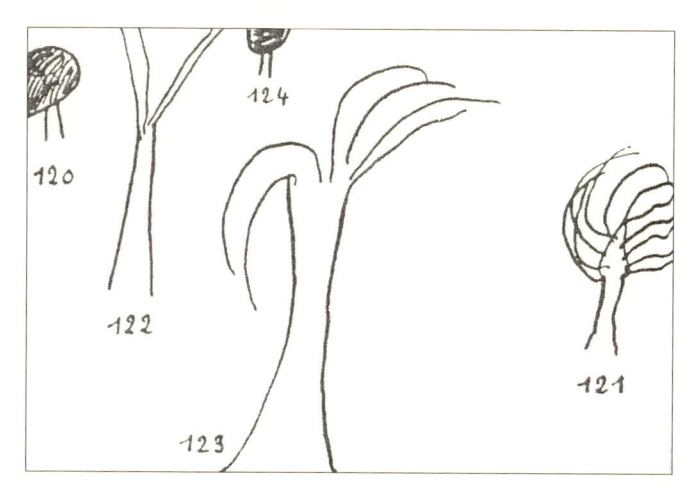

解題：樹木画テスト（あるいはバウムテスト）の研究史

図　ストラの「心理学的サイン」の例[34]

統計：深く傷ついていると感じており，身体的ダメージに関する問題，あるいはさまざまな過補償。攻撃性，感情の激しい波，精神不安定。劣等感情と優等感情と抑制の感情を揺れ動く。

**123．用紙の下縁からはみ出した幹。**

臨床：周囲への依存。

統計：不安，見捨てられ感。安全感や安心感や周囲に守られていたいという欲求。保護してくれる人への愛着とやさしさの欲求。両親の離婚，別居，どちらかの親の死。

**124．用紙の上縁からのはみ出しがわずかな場合。**

臨床：劣等感情が抑制された形で表現され，補償されたい欲求となっている。

1975年に出版された『樹木画テスト』は，1994年に第4版[35]が出版され，

「心理学的サイン」も178項目から219項目に増えている。その中には彼女が確定しなかったものも含まれているのだが、それは1993年にストラが亡くなり、研究を共にした友人たちが付け加えたものと思われる。ところで、筆者がかつて翻訳したカスティーラの著作[8]に「バウムテストの解釈では150の細項目を考慮する必要がある」（翻訳書、25頁）と書かれた箇所があり、「150の細項目」の意味がわからなかった。これはストラの「心理学的サイン」を指していたとストラの著作を読みながら理解したのである。「心理学的サイン」から樹木画を読むということは、コッホの象徴的あるいは直観的な方法と著しく異なる。コッホは木の描画を象徴とみるところから出発しているが、ストラはそれをサイン（記号）と見たのかもしれない。実際、彼女の「心理学的サイン」の中で、たとえば樹冠内部のサインを扱うに際して、われわれなら「樹冠内部の実」と表現しそうな部分について、彼女は「樹冠内部の円形のもの」と表現している。いずれにしてもその後フランスでの樹木画テストはストラの「心理学的サイン」が基準となり発展していく。その研究の積み重ねをフェルナンデスが簡潔にまとめている。

## IV　コッホ，ストラ以後

1975年にストラは「心理学的サイン」を確定した。1976年にはアヴェ-ラルマンの『バウムテスト』初版が出版され、1996年の増補第4版が日本語に翻訳[2]されている。この本には詳しい引用文献が載っていないので、アヴェ-ラルマンがストラの著作を読んでいたどうかはわからないが、ストラは外国語（フランス語以外）に翻訳されなかったのでおそらく知らなかったであろう。しかし、アヴェ-ラルマンは、序文で次のように書いている。

「象徴として木が本質的に相応するのは木が象徴する心的自己である。その存在自体からは目に見えないものを木は形にし目に見えるようにし、親しみやすく

する。

　しかし象徴というものはさまざまなものを意味しうる。ひとつの象徴に多様な意味がある。しかしどの意味でもよいわけではない。つまり象徴はすべてを指示でき，このすべてによって象徴は共通する本質的特徴と結ばれている。したがって木の形に対しても，ただ単にまるで単語のように学びさえすれば事足りるかのごとく，心理的な具体的項目を確定的に関係づけることはできない。むしろ木の形においてはすべてが示唆性を持ち，人生のコンテキストの中で〈示唆的に解釈〉されねばならない。バウムテストにたずさわるには診断する者の能力と誠意が特に求められる……（中略）

　有機体は何であれその部分の総体以上であるという認識が通念だからである。読者には解釈をその事柄にふさわしく補うことが委ねられる。私はコッホの図表を使った解釈に条件つきで同意する。

　その代わり年齢に対応した樹冠のつけ根を統計学的に検討した成果はありがたく使わせていただいた。この成果は発達状態を示唆するだけでなく遅滞と退行についても解明の貴重な手掛かりを与えてくれるからである」（翻訳書，viii～ix頁）

　この序文の後にある「序論　木の描画とその解釈」は，見事な木の象徴的解釈であり，木そのものからさらに樹冠，幹，根が意味するものを象徴的に定義している。これに続いて事例が提示され解釈がおこなわれる。翻訳にかなり問題はあるのだが，解釈の文章は一編の象徴詩を読むようである。しかし，象徴的に解釈することに徹しているかと言えばそうでもない。熟練しようとする人のために巻末に「最も重要な現象の索引」を載せている。これはコッホの「表」やストラの「心理学的サイン」を思い起こさせる。ドイツ語圏のバウムテストの解釈を検討すると，木を象徴的に解釈する面と木全体や各部分から指標を読みとる，つまりストラ的な作業が同時におこなわれているように思える。象徴的解釈ではきわめて検査者の個性が反映されるので，知識の伝達が難しく，心理学的トレーニングになりにくい。コッホやアヴェ-ラルマンの象徴的解釈は，初めからテストとしての信頼性や妥当性などという概念はないようだ。

　アヴェ-ラルマンの出版の翌年，1977年にアメリカのボーランダーが『樹木画によるパーソナリティの理解』を出版する。すでに引用した文章か

らもわかるように、彼女はコッホやストラについて十分理解していた。筆者がこの本で勉強したときに、辞書代わりに使っていたと述べたが、初めはボーランダーが記載したサインの正当性を疑うこともなく解釈の基礎においていた。サインの数だけなら500項目を越える。しかし、ストラの研究を読んだ後では、いくつかの疑問が湧いてくるのである。ストラの178項目の「心理学的サイン」に対してボーランダーのサインの多さである。さらにストラの論文では統計表も記載されているのに、ボーランダーではそれもない。しかし、ボーランダーのサインは臨床経験からすると多くの場合に当てはまると感じてきたのだった。ボーランダーは第6章の「空間と木」において、「われわれも分析の技法を、ある体系から他の体系にそのまま移し替えるのは、常に賢明ではないと考えている」(原著、81頁)と述べる。彼女の分析の技法 (analytic techniques) とは何なのだろうという疑問が湧いてくる。第1章の序説でコッホとバックの2つの体系と「われわれの技法 (our own technique)」は関連がないとも書いている。アーベル神父なる人から教えられたと言うが、どんな内容なのか分析方法も明らかにされていない。筆者の印象では、ボーランダーの著作は、ストラの「心理学的サイン」にきわめてよく似た書かれかたになっている。ただ、サインを導き出した根拠に乏しいので、ボーランダーのサインを基礎にして樹木画を読むことは可能だが、サインの仮説が正しいのかテストとなりうるのかという点が問題であり、さまざまのサインの根拠を聞かれたときに、答えに窮してしまうのである。サインの仮説には臨床像によく当てはまるものもあるが、中には思弁的な印象を受けるものも多い。

　もうひとつ、ボーランダーの記載で興味深いのは、いわゆるウロに関する第12章「時期の決定」の内容である。バックのH.T.P.テストによる研究が紹介されているが、これらのどれもがすでにストラが指摘したことと内容も引用文献もまったく同じである。レビンとガランター[24]、さらにライオンズ[26]の文献が紹介され、コッホの改訂版 (1957) にヴィトゲンシュタイン指標が紹介されて、ボーランダーは、コッホもヴィトゲンシュタインもアメリカの

研究を知らなかったとしている。さらに「傷跡として描かれた外傷時の年齢を測定するのに，アーベル神父が用いた方法は，これらの方法のすべてと基本的概念は似ている」（原著，328頁）と言う。だが，アーベル神父の計算のしかたは，バックと同じものである。そしてヴィトゲンシュタインともである。ウロの問題について言えば，樹木画テスト（あるいはバウムテスト）関係の論文著作では，ヴィトゲンシュタインを挙げ，H.T.P.関係では，バックとそれ以後の研究を挙げていると言えよう。

　ボーランダーの著作は1977年に出版されたが，筆者の知るところでは英語圏でその後本格的な心理検査としての樹木画テストは出版されていないように思う。英語圏での描画テストが心理検査として用いられることが少なく，むしろ描画を用いたカウンセリングで使用され，心理検査のような厳密さよりも臨床像の把握に使われる場合がほとんどなのではないだろうか。2004年に出版されたオスターらの『描画を用いたアセスメントと治療』[28]では，自由画から人物，家，人，木，動物などさまざまなテーマを描画の対象にしている。樹木画については，バックのH.T.P.テスト（1948）が紹介され，樹木画テストの参考文献にボーランダー（1977）とコッホ（1952）が挙げられているものの，樹木画のサインや指標があれば，解釈に際して役立つと述べ，これらはクライエントとのカウンセリング導入時の性格特性を調べるのに役立つとしている。サインや指標と挙げているのは以下のものであるが，19項目にすぎない。（原著，101～102頁）

1．極端に大きな木：攻撃的傾向。
2．細すぎる木：劣等感情，無力感。
3．薄い描線：不適応感，優柔不断。
4．二本線の幹とループ状の樹冠：衝動性，気分屋。
5．幹の極端な強調：情緒的未熟さ。
6．樹冠部の誇張：情緒的抑圧。
7．根の強調：情緒的影響，理性的でない。

8. 傷跡，ふし穴，折れた枝：外傷体験に関係する事柄（例：事故，病気，強姦被害）木の長さから時期を決定できる。
9. 地面のラインの欠如：ストレスに傷つきやすい。
10. 地面のラインがあり，根がない：抑圧された感情。
11. 濃い陰影：敵意，攻撃性。
12. 切れ切れの描線：明らかな不安。
13. ふし穴：性的な象徴。

 a．小さくて単純なふし穴：性的な攻撃，初めての性体験。
 b．強調された輪郭のふし穴：かなり大きな衝撃。
 c．渦巻き状のふし穴：過去の体験であるが現在は回復している。
 d．黒いふし穴：体験に関連する羞恥心。
 e．大きなふし穴：セックスや出産へのとらわれ。
 f．中に小動物のいるふし穴：出産に対する両価的な感情。

　樹木画テストについて，ボーランダー以後英語圏では心理検査としての研究はあまり進んでいない。スペイン語やポルトガル語が読めない筆者にはヨーロッパの状況でもフランスのことしかわからないのだが，ここで筆者が翻訳したカスティーラについて述べることにする。カスティーラは筆跡学者であり，しかも心理学者でもある。この点ではストラも同様であった。ストラの研究をさらに積み上げたと言ってよいかもしれない。1990年に精神科医のバスタンと共著で『筆跡学，心理現象とその障害』[4]を出版する。まず筆跡学と精神症状との関係について，1970～80年代にフランスの臨床における筆跡学研究をもとにした研究が詳しく紹介されている。そのうえで，症例に筆跡と樹木画テスト，さらにロールシャッハ・テスト，ソンディテストを実施する。目的はストラの「心理学的サイン」の改良にあったのは言うまでもない。特筆すべきは「用紙の左側に位置する木」を「不安や抑うつ」のサインとした点，それから描線の分析が挙げられる。筆者は翻訳した後に筆跡学の本を読んで気がついたことなのだが，描線を表現する形容詞が日常に

用いられるフランス語ではなく，筆跡学のいわば専門用語であったのである。たとえばある描画から「殴り書きの描線」を読みとったとき，それは同時に「殴り書き」の形容詞を付けた段階で筆跡学的知識で解釈していることを意味しているのだった。カスティーラは，筆跡学による描線の読みかたを「心理学的サイン」として盛り込んだのである。

筆者が翻訳した『バウムテスト活用マニュアル——精神症状と問題行動の評価』(1995) は，『筆跡学，心理現象とその障害』(1990) に取り上げた事例をそのまま用い，コンパクトな「心理学的サイン」集になっている。今回翻訳したフェルナンデスもストラに始まりカスティーラによって洗練されたサイン解釈を踏まえ，さらにストラやカスティーラが指摘しなかった他の研究者達の「サイン」を数多く盛り込んでいる。

英語圏では心理検査としての描画テストはあまり進んでいないと述べたが，1999年にレボヴィッツが書いた『投映描画法の解釈』[23] は異色かもしれない。この本では，描画対象は家，木，人，動物であり，コフートの自己心理学に基づく解釈をおこなっている。この本の引用文献を見ると，コッホやストラの名前はおろかボーランダーの文献さえ載っていない。樹木画に関するものはバックとその他H.T.P.テストに関する文献のみが列挙されている。描画を印象分析と構造分析から検討する方法をとり，「木の構造分析」では次のような指標（あるいはサイン）から分析をおこなう。

A．枝と葉の領域（樹冠部）：省略。サイズ。細部描写。相対的位置。位置。付加物。最適の対人的相互関係。
B．幹：省略。サイズ。構造。ふし穴（ウロ）。内的強さの最適な意味。
C．根と地面：省略。地面の線との接合性。根の構造。最適の安定性と内的結合性。
D．周囲（環境）
E．他の特徴：異常（鍵穴の形の木）

さらに、バック流に描画後のインタビューとして、以下の3つの質問をおこなっている。

1．この木は何歳ですか？
2．この木は生きていますか，死んでいますか？
3．1年のうちのどの季節ですか？

この本では、カウンセリングをおこなった症例に、その時々に描画をしてもらい、状態の変化をみるという文脈で解釈もおこなわれている。レボヴィッツは描画について次のように書いている。

「研究者が、その資料（パーソナリティ・テストのような客観的資料）に対して共感的な態度をとる、つまりその資料が何を表しているかを、外部基準だけでなく、その患者の立場になって見ようとするならば、その人の内的状態の表現である描画は、精神分析用の長椅子で語られた言葉と同じくらい資料として役立つ」（翻訳書，5頁）と述べられているが、樹木画に関する解釈はH.T.P.テストの研究と自己心理学の理論に依拠し、さらに描画後の質問から得た情報も重要な資料として扱われている。コッホやストラ、ボーランダーらの樹木画テストの方法とはまったく関係ないということになる。

## V　フェルナンデスの著作

これまでの樹木画テストに関する研究を概観すると、本書に書かれてある内容がどのようなものか理解されるように思う。多くの研究者が指摘したことが盛り込まれているのがよくわかる。樹木画テストの読みかたについて書いてある内容が、どのような研究の文脈から語られてきたものかも理解できるように思う。そして、コッホだけでなく、バックやその後のH.T.P.テストによる研究の成果も随所に盛り込まれていることに気がつく。色彩を用いる

方法と描画後の質問はH.T.P.テストに由来する。教示の問題はバウムテストとH.T.P.テストの両方に関わりがある。教示については多くの研究者によって異なる。外傷体験の指標である「ウロ」については、H.T.P.テストで早くから気づかれていたが、コッホが改訂版でヴィトゲンシュタインを取り上げたことで、ヨーロッパではこのほうが馴染みがあるようである。さらに描画解釈の前に生活史などの情報をできるだけ集めてから解釈をおこなうのはH.T.P.テストでバックが強調していることであり、ボーランダーにしてもアヴェ‐ラルマンにしても半目隠し分析（blind ana-lysis）を奨励する。

こうしてみると、フェルナンデスの「読みかた」の特徴が見えてくる。所見の書きかたでは、ヴァヴァソリの3つの領域（感情・情緒領域、社会的領域、知的領域）から心理学的所見を書くことを勧めている。これは今までにない指摘である。所見を書くにあたって、樹木画のサインを集め、サインの心理学的意味をどのように読みとったのかを明示するのは、ストラやカスティーラに従っている。フェルナンデスはこの本で樹木画テストに新たな所見の書きかたを提示したと言える。さらに解釈の姿勢であるが、木を象徴的に解釈するよりも、「心理学的サイン」に依拠した読みかたになっている。

コッホやアヴェ‐ラルマンが「サイン」として読む方法をまったくとっていないかというとそうではないように思う。コッホの「表」自体が指標であり、サイン的な部分もある。アヴェ‐ラルマンにしても「最も重要な現象の索引」という表現で描画に特徴的なサインを書き留めておくように助言している。

## VI 結びにかえて
──樹木画テスト（あるいはバウムテスト）は、どのように読まれるべきか。あるいは日本での読まれかたについて──

日本で樹木画テスト（バウムテスト）が使われるようになったは、いつ頃

からなのだろう。コッホの日本語訳の「補遺／日本におけるバウムテストの研究」の章では、「1960年、京都洛北にある精神病院において……」(112頁)と書かれてあるので、この頃からだと筆者はずっと思っていたのだが、1957年にすでに深田[10]が樹木画テストを用いて発達指標の研究を報告している。これはH.T.P.テストからの報告であった。コッホのバウムテストについて言えば、やはり1960年頃になるらしい。「日本におけるバウムテストの研究」では、さらにバウムテストについて、「われわれの調べた範囲内でも、文献はフランス・イタリア・デンマーク・ポルトガルなどの各国の研究雑誌に掲載されている」(113頁)とある。ところが日本ではコッホの英語版の翻訳（1970年）しかなかった時代が長く、日本独自の研究が続けられてきたような気がする。もちろん、コッホの改訂版（1957）の一部を紹介する論文もあったのだが、不十分であったと言わざるを得ない。その後、『バウムテストの臨床的研究』(1973)[12]、『バウムテスト事例解釈法』(1980)[13]が出版される。この2冊は事例研究で、分析方法はバウムテストの象徴解釈を志向しているが、「サイン」も数多く指摘している。そして「サイン」はコッホの「表」に基づいて解釈するように奨励しているけれども、コッホの「表」自体がさまざまに解釈可能なので、検査者の解釈は一貫しない嫌いがある。『バウムテストの基礎的研究』(1985)[15]は発達指標の詳細な研究であった。そうした状況下で『樹木画テスト』(1986)[36]が出版された。ボーランダーのダイジェスト版と言えそうである。事例はほとんどなく「サイン」の意味が列挙されている。「サイン」の列挙と言えば、1987年に出版された『子どもの潜在脳力を知るバウムテストの秘密』(1987)[1]は、すごい本である。専門書ではなく新書版の装丁で、手っ取り早く「サイン」の紹介をおこなっている。この本の著者は14年間に20万枚のバウムテストを見てきたことを強調するが、肝心の「サイン」の根拠についてはまったく示されていない。だが、『樹木画テスト』(1986)[36]、『子どもの潜在能力を知るバウムテストの秘密』(1987)[1]の2冊が出版されたことで、木の象徴性や描画に表現されている内的自己といった問題と関係なく、ただ「サイン」を見つけ、性格

解題：樹木画テスト（あるいはバウムテスト）の研究史

特性を断片的に述べることがバウムテストの解釈だと思われるようになったのは否めない。ところが「サイン」の信頼性や妥当性が検証されていないため，一般の人々からもあるいは心理学を専攻している人たちの中でも，樹木画（あるいはバウムテスト）の解釈は検査者の「印象判断」と受け止めている人が少なくない。ボーランダーの翻訳（『樹木画によるパーソナリティの理解』）が出版されたのは1999年，つまり原著出版の22年後のことである。筆者が翻訳したカスティーラや，アヴェ-ラルマンの翻訳は2002年に出版されている。最近も数冊日本人による「バウムテスト」の本が出版されているが，心理学的サインにどのような意味づけをしているのか根拠に乏しいものが少なくない。根拠を示さず，あるいはそうしたものがない参考書を頼りに読んでも心理学的所見とはなりえないと思う。所見には「サイン」をどのように読みとり，どのような意味に解釈したのか明示すべきである。木の描画が臨床像に似るのは，描画の力であり，検査者が「サイン」の解釈を単純に描画に当てはめて，被検者の臨床像が描画によく反映されていると納得するだけで終わってはならない。そうした書かれかたをしている本を読んでも樹木画（バウムテスト）は決して読めるようにはならないのである。

　樹木画の研究を眺めていくと，現在われわれが持っている知識は，コッホだけでなくバックの恩恵も受けていることがわかる。二人から出発したそれぞれの研究方法が入り交じって，教示，質問，色彩などさまざまな方法が考えられてきたのである。コッホのバウムテストとアヴェ-ラルマンの「星と波テスト」を比べてみると，興味深い。なぜ，星と波なのだろう。それは星は直線を，波は曲線を意図的に描かせるからである。さらに星や波の位置についての分析もきわめて筆跡学的空間象徴に基づくと思われる。すべてが筆跡学的分析がしやすいように意図されている。このテストでは星や波についてもちろん象徴的解釈もおこなわれるが，木の場合のように複雑ではない。筆跡学は描線や文字について，リズム，運動，形態，方向，空間，配列，持続性，カンマやピリオド，構成，調和，統一性などのカテゴリーから分析する，「サイン」の分析であり，描線や文字の象徴解釈などない。コッホは星

や波ではなく木をテーマにしている。木の象徴解釈を強調しているが，筆跡学的アプローチでもあることを思えば，「サイン」分析も必要なのである。だから「表」を作成したのだろう。その意味で，ボーランダーが指摘したように，確かに「コッホは読者が筆跡学の知識を持っているという前提で書いた」というのは正しいと思う。フランスならば，サインはストラの研究によって「心理学的サイン」として確立した。その後カスティーラがいくつかの知見を加えたのである。「心理学的サイン」は，木の象徴性と相反するものではなく，象徴解釈を基礎にして心理学的手法できめ細かに練り上げていったものだと言えよう。

筆者の樹木画テストの解釈法は，まず木の象徴性を十分に検討し，木全体と幹や樹冠や根など部分との関係を吟味し，さらに「心理学的サイン」の検討をおこなう方法である。所見を書く場合や大規模な資料を扱う場合には，どうしても「心理学的サイン」を根拠にした分析になる。ただ，象徴解釈は読み手の個性（知識，経験など，さらには才能も）に影響されてしまうので，信頼性や妥当性など心理テストとはなりにくい。心理テストとして用いる場合には，「心理学的サイン」が重要であり，心理学的に研究するとすればなおさらである。木の象徴解釈については，アヴェ‐ラルマンの解釈を参考にし，「心理学的サイン」については，ストラの「心理学的サイン」，それから思弁的な解釈を除外したボーランダーの「指標」を参考にしながら読んでいる。

最後にアヴェ‐ラルマンの文章[2]を引用して筆を置く。彼女がコッホの「表」について条件付きで同意すると述べた箇所に付けられた注にこう書かれてあった。

「象徴と表現特徴を単純に比較するのはまったく不可能である」（ix頁）

## 参 考 文 献

1) 愛原由子：子どもの潜在脳力を知るバウムテストの秘密．青春出版社，1987．
2) Ave-Lallemant, U.: *Baum-Test*. Ernst Reinhardt Verlag, Munchen, 1994.（渡辺直樹・野口克己・坂本堯訳：バウムテスト——自己を語る木：その解釈と診断．川島書店，2002）
3) Barnes, E.: *A Study of children's drawings: Pedagogical Seminary*, 2. p.451. 1893.
4) Bastin, C., de Castilla, D.: *Graphologie, le psychisme et ses troubles*. Robert Laffont, 1990.
5) Bolander, K.: *Assessing Personality Through Tree Drawings*. Basic Books, 1977.（高橋依子訳：樹木画によるパーソナリティの理解．ナカニシヤ出版，1999）
6) Buck, J.N.: The H-T-P Test. *J. Clin. Psychol.* 2(4); 151-159, 1948.
7) Gomez Del Cerro, J.: El test del arbol en clinica psiquiatrica. *Acta. Medic. Hispanica.* 8; 53-58, 1950.
8) de Castilla, D.: *Le test de l'arbre: Relation humaines et problems actuels*. Masson, Paris, 1995.（阿部惠一郎訳：バウムテスト活用マニュアル——精神症状と問題行動の評価．金剛出版，2002）
9) Crepieux-Jamin, J.: *ABC de la Graphologie, 8e ed.* P.U.F., Paris, 1983.
10) 深田尚彦：幼児の樹木画の発達的研究．心理学研究 5；34-36, 1957.
11) Goodenough, F.L.: *Measurement of Intelligence by Drawings*. Brace & World, New York, 1926.
12) 林勝造・一谷彊：バウムテストの臨床的研究．日本文化科学社，1973．
13) 林勝造・国吉政一・一谷彊：バウムテスト事例解釈法．日本文化科学社，1980．
14) Hurlock E., Thomson J.: Children's drawing: an expeimental study of perception. *Child. Developm.* 2(5); 127-39, 1934.
15) 一谷彊（編）：バウムテストの基礎的研究．風間書房，1985．
16) Koch, K.: Der Baumetst: *Der Baumzeichenversuch als psychodiagnostisches hilfsmittel*. Hanx Huber, Bern u. stuttgart, 1949.
17) Koch, K.: *The Tree test: The tree-drawing test as an aid in psychodiagnosis. 2nd ed.*, Hanx Huber, Bern u. stuttgart, 1952.（林勝造訳：バウムテスト——樹木画による人格診断法．日本文化科学社，1970〔日本語訳は1952年に出版された英語版

からの翻訳〕）

18) Koch, K.: Le test de l'arbre. In Klages, et al.: *Diagnostic du Caracter*. P.U.F., pp.241-50, 1949.
19) Koch, K.: *Le test de l'arbre: Le diagnostic psychologique par le dessin de l'arbre*. Editest, Bruxelles, 1949.
20) Koch, K.: *Le test de l'arbre*. Vitte, Paris, 1958.
21) Koch, K.: *Der Baumetst: Der Baumzeichenversuch als psychodiagnostisches Hilfsmittel. 3rd enl. ed.* Hanx Huber, Bern u. stuttgart, 1957.
22) Koch, K.: *El test del Arbol*. Editor Kapelusz, Buenos Aires, 1958.
23) Leibowitz, M.: *Interpreting Projective Drawings: A Self Psycholoical Approach*. Brunner/mazel, 1999.（菊池道子・溝口純二訳：投映描画法の解釈．誠信書房，2002）
24) Levine, M., Galanter, E.: A note on the 《tree trauma》 interpretation in the H.T.P. *J. Consult. Psychol*. 17; 74-75, 1953.
25) Luquet, G.H.: *Le Dessin enfantin*. Delachaux et Niestle S.A., Neuchatel, Suisse, 1977.
26) Lyons, J.: The Scar on the H.T.P. Tree. *J. Clin. Psychol*. 2(11); 267-270, 1955.
27) Pulver, M.: *Symbolik des Hanschkift*. Orell verlag, Zurich, 1931. (*Le symbolisme de l'ecriture*. traduit de l'allemand par Schmid, M. et Delamain, M., Stok, Paris, 1971)
28) Oster, G.D., Crone, P.G.: *Using Drawings in Assessment and Therapy, Second Edition: A guide for mental health professionals*. Brunner-Routledge, New York, 2004.
29) Peugeot, J., Lombard, A., de Noblens, M.: *Manuel de Graphologie*. Masson, Paris, 1986.
30) Schliebe, G.: Erlebnismotorik und zeischnerischen physiognonischer Ausdruck bei Kindern und Jugendichen (Zur psychogenese der Ausdruck gestaltung). *Zsch f. Kinderforsch*. 2(43); 49-75, 1934.
31) Staedli, H.: *Der Baumtest nach Koch als Hilfmittell bei der medizinisch-psychologischen Peloten selektion und aehelichen Verfahren*. dissertation, Zurich, 1954.
32) Stora, R.: L'arbre de Koch. *Enfance*, 4; 327-344. 1948.
33) Stora, R.: La personnalite a travers le test de l'arbre. *Bulletin de psychologie*, 17 (1/224; 2/224); 1-181, 1964.
34) Stora, R.: *Le test du dessin d'arbre*. Paris, Delarge, 1975.

35) Stora, R.: *Le test du dessin d'arbre.* Augustin S.A., Editeur-Imprimeur, Paris, 1994.
36) 高橋雅春・高橋依子：樹木画テスト．文教書院，1986.
37) Thurner, F.: Suizid und test Zeichung. *z. exp. angewand. Psychol.* 3; 439-457, 1956.

# 訳者あとがき

　本書はLydia Fernandez（リュディア・フェルナンデス）が書いたLe test de l'arbre, Un dessin pour comprendre et interpréter. Collection Psych-Pocket, Editions in Press, 2005の全訳である。著者については南フランスのプロヴァンス大学で精神病理学と臨床心理学の研究をしているということしかわからない。この本は精神医学や臨床心理学に関するポケット版のシリーズに収められていて，日本でならさしずめ新書版といった装丁になっている。
　訳者は樹木画テスト（あるいはバウムテスト）の読みかたに関する本の書き下ろしを考えているが，去年の夏（2005年）にフランスの書店でこの本を見つけ，帰りの飛行機の中で読みはじめ，とてもコンパクトにまとめられているので，まずこの本を翻訳してみるのがよいと思い，金剛出版に相談したところ快諾を得たのである。これまでに多くの研究が紹介されていることに驚いたのが正直な感想であった。しかし日本にはほとんど紹介されていない。そればかりかコッホの象徴解釈や「表」に関する問題とボーランダーの翻訳，それに拙訳のカスティーラ，あるいはアヴェ-ラルマン以外の情報は少なく，「読みかた」に関する問題は混沌としたありさまである。フェルナンデスが書いた研究史の概要を読んだとき，かつて読んだストラの論文や著作が下敷きになっていることに気づき，ストラをもう一度読み返し，さらにストラやコッホに言及しているボーランダーの原書にもあたってみると，あまりにもストラの研究の大きさに驚き，樹木画テストの研究史を書き加えることにした。そうすることで，フェルナンデスが書いている内容の理解に役立てばと思ったからである。
　研究史を書きながら，つくづく思い知らされたのは翻訳の重要さである。コッホの英語版からの翻訳は，1970年であった。原著出版から20年近く経

っている。ボーランダーも同様である。そしてストラが研究を最初にまとめたのは1963年。彼女の研究が日本に紹介されていれば，樹木画テストの日本での状況は現在とはかなり違ったものになっていたのではないだろうか。カスティーラの翻訳は原著出版から7年後であった。「心理学的サイン」の直截な読みかたが日本でも受け入れられたように思うのだが，本来ならばストラが理解されていなければならない。さまざまな論文や著作を読んで思うのは，フランス語圏の文献にボーランダーがなく，英語圏ではストラもコッホもない文献もある。語学の壁はいかんともしがたい。

　本書に直接には関係ないのだが，ポルトガルのある研究者が1993年に死去したストラを悼んで，こう書いている。

　「樹木画テストは，コッホとストラによって同じ時期に始められたが，その方法は異なる。コッホは英語やスペイン語，ポルトガル語さらには日本語に翻訳されたが，ストラは外国語に翻訳されることなく，フランス語圏だけで評価された。英語やその他の言語に翻訳されていたならば，もっと高い評価を受けていたに違いない」

　最後に，研究史を書くにあたって樹木画テストやバウムテストに関する国内外の文献を探したり，あるいは助言をしてくれた筑波大学大学院の佐藤秀行君，創価大学大学院の佐々木貴弘君と山崎信弘君に感謝の意を表したい。日本医科大学の杉浦京子氏からは，私が書いた研究史を読んでいただき貴重なご指摘をいただいたことに感謝申し上げます。埼玉医科大学講師・菊池道子氏にも研究史を読んでいただき，励ましの言葉をいただきました。また，いつもながら辛抱強く訳者の仕事を見守ってくださった金剛出版の立石正信氏，田所俊介氏にお礼を申し上げます。

2006年5月16日<br>
富士山と筑波山が見える書斎にて<br>
阿部　惠一郎

■訳者略歴

阿部惠一郎（あべ・けいいちろう）
1975年　早稲田大学文学部仏文科卒業
1985年　東京医科歯科大学医学部卒業
1986年　茨城県立友部病院精神科
1992年　国立武蔵野学院医療課
1997年　八王子医療刑務所
2000年から2001年に人事院在外派遣研究員（フランス）
2002年　千葉刑務所医務部保健課長
2004年から創価大学教育学部教授

［著訳書］
「幻覚概論」アンリ・エー著（共訳）金剛出版
「石井十次の研究」（共著）角川書店
「バウムテスト」（「現代のエスプリ」390所収）
「精神分析辞典」R・シェママ著（共訳）弘文堂
「ラルース臨床心理学事典」N・シラミー著（共訳）弘文堂
「芸術療法入門」J-P・クライン著（共訳）白水社
「投影法の見方・考え方」（共著）明治安田こころの健康財団
「精神保健福祉学入門序説」（共著）中央法規出版
「精神医学の歴史」J・オックマン著，白水社
「非行と犯罪の精神科臨床」（共著）星和書店

---

樹木画テストの読みかた
―― 性格理解と解釈 ――

2006年8月1日　印刷
2014年5月31日　六刷

著　者　リュディア・フェルナンデス
訳　者　阿部　惠一郎
発行者　立石　正信

印刷・製本　新津印刷
発行所　株式会社　金剛出版
〒112-0005　東京都文京区水道1-5-16
電話 03-3815-6661　振替 00120-6-34848

ISBN978-4-7724-0922-3　C3011　　Printed in Japan ©2006

# バウムテストの読み方
## 象徴から記号へ

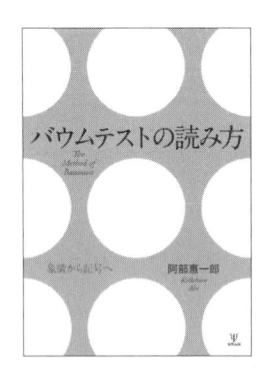

阿部　惠一郎著

B5判　208頁　定価（本体3,200円＋税）

　長年，バウムテストを使用し，研究してきた著者による手引書。バウムテストというと，一見「木を描いてもらってそれを解釈するだけ」という単純作業のようだが，「木を描いてもらう」にも「一本の木を描くのか」「複数の木を描くのか」「紙を横にするのか，縦にするのか」などさまざまな描き方がある。いままで，バウムテストの実施方法，サインの読み方には統一されたものがなく，検査者が独自に実施・判断していくしかなかったのだが，それを可能な限り統合し，著者のいままでの経験を含めて説いたものが本書である。肝心な「サインの読み方」についても，検査者の主観を入れず客観的に判断できるよう，随所に検査者の心得がちりばめられている。

　さらに，サインを読んだ後，どのように心理査定の報告書を作成するか，またバウムテストを用いたカウンセリング（アートセラピー）にどのように利用できるかについても考察している。巻末には，いままでのバウムテストのサイン対照表を掲載。

　本書を精読することで，さまざまな角度からバウムテストの理解を深めることができるだろう。

□おもな目次
第1章　バウムテストの実施方法
第2章　バウムテストの作業仮説
第3章　バウムテストの読み方
第4章　3枚法の読み方
第5章　2枚法の読み方
第6章　心理検査と治療的アプローチ
第7章　サイン一覧
読み方のフローチャート

価格は消費税抜表示です

## LE TEST DE L'ARBRE
# バウムテスト活用マニュアル
### 精神症状と問題行動の評価

**ドゥニーズ・ドゥ・カスティーラ著**
**阿部惠一郎訳**

A5判　240頁　定価（本体3,600円＋税）

　バウムテストは，数枚の紙と鉛筆・ペンがあれば手軽に実行できる投影法であり，わが国でも臨床現場において急速に普及してきている。その内容は，被検者が自発性と独自性を示し得るものであり，さらに深い個性とそれに含まれていて〈語られないもの〉のすべてが表現され，発達の指標としても有用である。

　本書では，不確定要素の多いバウムテストを実施するにあたっての注意点や実際の読み方を分かりやすく述べた。まず描画から特徴的なサインを抽出し，それぞれのサインを根拠にして性格特性や精神症状を指摘し，次にそれらを纏めて総合所見を作る。実践にあたっては，「なぜそのように読めるのか」と自問自答しながら根拠を示す姿勢を常に持って行うのである。本書はそのような姿勢で書かれているからこそ，バウムテストの所見（木の各部分）と精神症状を大胆に結びつけることに成功している。

　150枚の樹木画を収録し，巻末にはバウムテストに表れるサインと精神症状，性格，問題行動の関係をわかりやすい一覧表として付した。

□おもな目次
1．木の象徴性／2．バウムテストの歴史／3．バウムテスト実施のための用具と教示／4．ヴィトゲンシュタイン指数／5．第三の木あるいは夢の木／6．内向－外向／7．未成熟／8．知的障害／9．不安／10．神経過敏／11．抑うつ傾向／12．衝動性／13．攻撃性／14．精神病質／15．性的問題／16．神経症と精神病／17．アルコール依存／18．薬物依存／19．症例研究／ロールシャッハ・テストとソンディ・テストの簡単な説明／バウムテストに表れるサインと精神症状の関係

価格は消費税抜表示です

## ロールシャッハ・テスト
J・E・エクスナー著　中村紀子・野田昌道監訳　ロ・テストの施行法や解釈の原理に加え，テストの成り立ち，性質，基礎的研究を網羅し，その最新の姿を伝える。　18,000円

## ロールシャッハ・テスト Sweet Code コーディング・システム
中村紀子監修／大関信隆著＋制作　練習から実務まで，包括システム・ロールシャッハ・テストのための統合的コーディングソフト。　4,200円

## 治療的アセスメントの理論と実践
S・E・フィン著，野田昌道，中村紀子訳　テストからフィードバックを経て査定者が治療者になるヒューマニスティックな治療的アセスメントを解説。　4,500円

## 風景構成法
伊集院清一著　中井久夫によって創案された風景構成法の手法と機能，クライエントの病理解釈から治療的技術へと応用する技法を詳しく解説。　3,400円

## 非行・犯罪少年のアセスメント
R・ホッジ，D・アンドリュース／菅野哲也訳　最近の少年司法領域の理論と新しい標準化検査を分かりやすく解説し，効率的な司法制度運営を目指す。　3,200円

## 精神科臨床における心理アセスメント入門
津川律子著　六つの視点を通じて成っている立体的な像から見たその人の全体像のなかで共生するイメージこそが，真の心理アセスメントである。　2,600円

## 臨床心理アセスメント入門
下山晴彦著　臨床心理アセスメントの進め方を，最新の知見も交えて解説しており，総合的に心理的問題を把握するための枠組みが理解できる入門書。　3,200円

## ロールシャッハ・テスト講義Ⅰ[基礎篇]
中村紀子著　「包括システムによるロールシャッハ・テスト」を体得するための第一人者の息づかいを伝える基礎講座。　4,200円

## コラージュ療法実践の手引き
森谷寛之著　コラージュ療法の開発者である著者によって，その成り立ちから，理論的背景，臨床応用への道のりと実践活用の方法が述べられる。　3,400円

## わかりやすいMMPI活用ハンドブック
野呂浩史監修／井手正吾編集　パーソナリティ検査としてロールシャッハ・テストと双璧をなすMMPIの臨床応用ガイドブック。　3,800円

## 臨床美術
宇野正威，芸術造形研究所編著　認知症の予防とリハビリテーションを目指した「臨床美術」の理論的背景と実際のプログラムの進め方を解説する。　3,500円

## 精神疾患診断のエッセンス
A・フランシス著／大野　裕他訳　DSM-5の診断基準は臨床において役立つが，それがすべてではない。その診断基準に疑問を投げかける衝撃の書！　3,200円

## 初心者のための臨床心理学研究実践マニュアル(第2版)
津川律子，遠藤裕乃著　臨床心理士や臨床心理学を志す読者に向けて「研究の進め方と論文の書き方」を解説した好評既刊マニュアル第2版。　2,600円

## 子どもの臨床心理アセスメント
松本真理子，金子一史編　子どもの個別性と，子どもを取り巻く環境への理解により，「子どもの全体像」をアセスメントするためのハンドブック。　2,800円

## 臨床心理学
最新の情報と臨床に直結した論文が満載
B5判160頁／年6回（隔月奇数月）発行／1,600円／年間購読料12,000円（送料小社負担）

## 精神療法
わが国唯一の総合的精神療法研究誌
B5判140頁／年6回（隔月偶数月）発行／2,000円（38巻6号までは1,800円，定期購読は送料小社負担）

価格は消費税抜表示です